正向教養
必修課

CES PHRASES À NE JAMAIS DIRE
À SON ENFANT!

別對孩子說的
44句話

檢視父母最常見的地雷語，
幫助2～8歲孩子管理情緒、建立自尊與安全感

娜塔莎・笛里 著
Natacha Deery

凡妮莎・侯畢杜 繪
Vanessa Robidou

陳文怡 譯

別對孩子說的
44句話

檢視父母最常見的地雷語，
幫助2～8歲孩子管理情緒、建立自尊與安全感

目錄

前言

懂得與孩子溝通

　　和孩子溝通，是一大挑戰！孩童的腦部尚未發育成熟，你的溝通策略也得配合他的發育程度才行。隨著孩子一天天成長，未來會面對各種人生挑戰，要引導他，就要透過更理想的溝通方式，讓我們想教會孩子的事，都能牢牢深植於他的腦中。

　　這本書雖然無法涵蓋所有的教養問題，但是把重點放在「那些你以為沒啥大不了，卻不應該說出口的話」。許多父母有意無意間，會對孩子脫口而出一些 NG 對話，本書會解釋為什麼「不要說」某些話，更會提出「這樣說更好」的建議。對於那些你一天到晚掛在嘴上的話語，書裡也會提出具體建議，換個說法，對孩子更有幫助。

　　這本書的起點，是「認識並管理情緒」和「建立自尊與依附」，書裡舉出的對話，都可以對應於生活中的不同情境，範圍涵蓋孩子的成長發育和社會化的過程。在本書最後，也會談到當家庭發生某些狀況，孩子很容易聽到某些不恰當的話語，當然，會一併提供建議，讓親子在各種情況下都能保有良好的溝通。本書也會介紹一些小活動，引導孩子學習用積極正向的態度，來應付生命中的不同挑戰。

懂得正向的表達方式

　　採用正面的說法，孩子更容易就做到你希望他做的事情。這個技巧看似簡單，卻成果斐然。

怎麼做更有效？

　　所謂積極肯定的溝通，改變的其實只是說話方式，我們要達到的目的，和原本是一樣的！用正面的態度來糾正孩子，可以減少孩子抗拒的心態、避免他唱反調的行為。請將「不准這個、不准那個」轉化為「正向表達」，來看看下表的例子：

活動：練習正向表達的技巧

不要說 ……	寧可說 ……
別跑！	要慢慢走！
別叫！	要輕聲細語！
別站在椅子上！	請你務必坐好， 我比較喜歡你表現得沉著穩重。

　　以上表為開端，接著列出你經常對孩子說的句子及種種禁令，再改成以正面表達的方式重新敘述，只要稍做練習，將來就會成為你的本能反應。多用肯定句跟孩子說話，並不是要你放棄身為父母的權威，反之，這也讓你學到一種說話技巧，當你能掌握與孩子溝通的訣竅，孩子的行為舉止自然會更容易達到你的期望。

　　為人父母，難免都會碰到讓人頭痛的狀況，也必然會有某些時刻，你不僅需要設定界限，還得處理親子間的衝突，屆時若能以正面的態度與孩子溝通，事情會更單純，你就不會感覺太吃力。本書接下來還會提出各種實用的建議，但首先，請從最簡單的開始！

輪到你了！

我不該說……	我寧可說……
……………………………………	……………………………………
……………………………………	……………………………………
……………………………………	……………………………………
……………………………………	……………………………………
……………………………………	……………………………………

沒有完美的父母！

　　沒有父母是十全十美的，畢竟我們都有可能會犯錯，為人父母，也是一種學習。保持自省、勇於實踐，我們就可以不斷進化。本書提出的建議，都奠基於父母與不同年齡的孩子之間的互動。

1. 說啊！你到底怎麼了？

有時候，大人就是搞不懂，沒什麼特別原因，孩子的心情說變就變——突然間他就被悲傷、恐懼，或憤怒等種種情緒所淹沒。他莫名掉淚、突然生氣，閉上嘴巴拒絕溝通，或煩躁到靜不下來。看到孩子面對情緒襲來的種種反應，你一方面哭笑不得，但另一方面不免也覺得心煩！不管好多歹說就是徒勞無功，你想，要是孩子能講清楚「究竟怎麼了」，事情就簡單多了，所以，你不斷逼問孩子：「你得說啊！要說出來才有用！」結果，大人堅決要求孩子解釋，但孩子要不就是保持沉默，要不就是持續大哭大叫。

關鍵是不要逼他！

孩子的行為舉止，反映了他的情緒。儘管你盡力想搞清楚孩子的情緒到底出了什麼狀況，得到的回應卻於事無補，甚至讓狀況變得更糟，搞得大人心煩意亂。此時，先深呼吸吧！你自己要先冷靜。縱然孩子一時無法說清楚他怎麼了，也千萬不要逼他！

孩子為什麼會這樣？

孩子對於情緒突然發作，說不出任何理由，通常只是因為他自己也搞不清楚！我們小時候或多或少都有過這樣的經驗，但年代久遠，想必你已經忘了當下的感覺。不妨轉念想想，作為成人，你對於自己的情緒變化，有時也未必能全盤掌握呢！同理，孩子目前的發育，還不足以讓他明白自己的情緒從何而來，以至於他也無法釐清為什麼會這樣。

儘管隨著情緒的釋放，孩子也會漸漸體認當下的情況，但他依然無法說清楚怎麼回事。此時能引導孩子的人，就是身為成人的爸爸媽媽了！你要帶著孩子，學習靠自己的力量找出「我哪裡不對勁」，才能恰當的處理自己當下的感受。然而，每個孩子狀況不同，你得根據當下的狀況臨機應變，如果他明明已經情緒大暴走，你還硬要他說個清楚，這樣的對話根本無效。

培養好 EQ

看圖畫認識情緒

找一些有插畫的童書，或在網路上挑一些人物或動物圖像，這些圖畫的角色要表現出某種情緒。請孩子從中選一張，讓他説出這張圖代表的情緒，以及可能造成這種情緒的原因是什麼。之後，你自己再選另一張圖，畫中的情緒必須符合孩子剛剛表達的感受。接下來，為了讓他釐清「發生什麼事，才會造成心裡產生某種情緒」，你要帶著孩子一起想像並編寫對話。讓他對照圖像，練習以字句傳達想法或感受，接下來他的表達就會更容易。讓孩子學習在「自己探索問題的解決方式」，和「自己心裡迸發的情緒」之間建立連結，日後他就能漸漸學會處理情緒。請按時與孩子一起認真做這個練習。

溫馨建議

先給孩子一點時間，等情緒稍微降溫，才鼓勵他表達感受，屆時也比較容易引導他用言語來溝通。要是孩子無法經由口語表達，你就得考慮其他方式，像是讓他用畫的，或用寫的，同時你也要運用這些工具，協助孩子一起寫出對話。學習透過言語表達想法，對孩子會很有幫助，等他下次情緒爆發，就不會那麼激烈；且日後當孩子面對某些情況，他也能懂得去想清楚，自己會產生那些情緒的原因。如果孩子能自己發現「哪些情況會挑起哪種情緒」，他的 EQ 自然會愈來愈好。

情緒，就是面對重大情境時，我們做出的調適和身心反應（例如覺得舒服或不舒服）。不管是大人還是小孩，都要學習更加認識自己的情緒、更熟悉自己的反應機制，然後就更懂得怎麼去調整自己。如此一來，不管情緒如何起伏，我們都能力求平衡。

所謂 EQ，就是我們了解情緒、調節情緒，好讓自己能適應不同情境的能力；同時，也代表我們是否了解他人情緒，並能否與他人彼此協調。鍛鍊孩子的 EQ，就等於送孩子一個祕密武器，讓他更有力量面對未來。

2. 這又沒什麼，你幹嘛這樣！

某件事導致孩子情緒爆炸，你為了安撫他，就對他說出這句話。你的本意是想淡化事情對他的影響，表達「這件事沒那麼嚴重」，然而，孩子根本聽不進去你所說的話，你不但沒有安撫到他，反而讓他感覺「你要我否定我自己的情緒」，或者他雖然聽到了，結果卻更擔心、更害怕了！在這種時候，你說出這句話可不太妙。

　　你要做的第一件事，就是試著幫孩子讓這股情緒降溫。觸覺往往能帶來安撫感，使孩子平靜下來。首先你要做點讓他安心的動作，像是孩子覺得哪裡會痛，你就把雙手放在那個地方；如果孩子年紀很小，此時不妨來個「神奇親親」，就能讓孩子身體或心靈的「痛

痛都飛走了」！透過觸覺給予孩子安全感，再加上一些讓他放心的話語，都有助於降低孩子激動的程度，卻又不至於否定他的情緒。這麼一來，接下來，我們也會更容易鼓勵孩子寫下想法，好讓你更理解他的不安從何而來。

溝通的基礎：
考慮孩子的成長階段

● 年紀很小的孩子還不能掌握語言，
但已經會探索環境，也懂得經由模仿去學習許多事物，
要與這種小小孩溝通，除了對他說的句子要簡單明瞭，
也可以透過動作和他溝通。
● 你與孩子溝通時，要以孩子現有能力為主，
同時也給予鼓勵，別要求孩子做他做不到的事情。
● 儘管每個孩子都會依自己的步調長大，
不過，為了支持孩子在運動、感覺、社交、情感，和智力方面的發展，
父母擔任的角色至關重要。

讓孩子冷靜的 3 種法寶

1. 神奇親親，雙手萬能

非語文溝通（例如觸覺、姿勢動作）有許多方法，都能幫助孩子恢復平靜、鼓勵他、讓情緒恢復鎮定，同時，也別忘了要說些能令他安心的話語，而不是去否定他的情緒（像是說「事情會過去」等等）。等孩子的情緒稍微緩和，再詢問他發生了什麼事。你要引導孩子弄清楚，自己為什麼會有某些反應、造成的原因是什麼。如果孩子很焦慮、害怕，或者憤怒，由於他也未必能釐清真正的起因，這個時候，可以透過一些活動，訓練孩子先認識自身情緒，再了解什麼會導致他情緒爆發，繼而學習更妥善的管理情緒。此外，隨著年齡增長，孩子也必須讓自己的情緒管理能力跟著成長。

2. 觸覺溝通，使情緒平復

你不妨對孩子說，多虧有「神奇親親」，很快就能趕走他的疼痛、焦慮、恐懼。因為彼此的身體接觸，可以讓孩子安心、降低他的情緒反應，接著要透過語言和孩子溝通，會變得比較容易。你可以把雙手放在孩子身上，這個動作可以帶來鎮靜效果，幫孩子從情緒激烈的狀態抽離，好讓他能開始與你溝通。

3. 我的彩色自畫像

如果是年紀比較大一點的孩子，當你採用上述技巧讓他恢復鎮定之後，請給他一些色鉛筆，並問他，他覺得什麼樣的顏色會聯想到什麼樣的情緒。然後，請孩子自己畫出事情發生的當下，他感覺自己看起來是什麼模樣？請引導他逐步回想，是什麼因素激起了他的情緒？想讓孩子開始表達、探索自我，畫圖是絕佳媒介。

3. 你也太好笑了吧！

這句話令人覺得受到輕視，孩子會感到自己的情緒被否定了。講這句話不但無法協助孩子從困境中脫身，同時還暗指：「讓你一團混亂的那些情緒，根本就不重要。」「你必須壓抑情緒，要忽視它。」以及「你那些情緒，都是庸人自擾。」但我們要知道，學習認識情緒、調整情緒，會比一味否認自己的情緒，要來得有建設性。

每一個孩子都有他自己的獨特感受，他需要被了解，也需要被鼓勵。孩子要培養良好的 EQ，往後面臨不同處境，才能從容面對。因此，父母要認真看待，**你愈是忽略孩子心裡的情緒，他的情緒就可能變得愈激烈**。爸爸媽媽一定要努力用積極正面的態度處理情緒問題，因為小孩會透過模仿，學習你的情緒管理方式。如果孩子看到你大吼大叫、亂丟東西，或看你處理事情老是很衝動，他很有可能會有樣學樣，做出相同的事。

怎麼做更有效？

如果你已經情緒爆炸，那麼請先紓解自己的情緒，回過頭來再想想你為何會發作，並且要盡力向孩子講清楚原因。當孩子獲得解釋，他看在眼裡，自然會學習，將來就懂得以同樣的模式處理情緒：先確認自己當下的情緒，再以言語表達出來，接著再進一步了解內心的反應機制——一旦大人小孩都習慣這樣的步驟，不僅能幫助孩子更穩定處理情緒，對你本身來說也大大有益。

活動　EQ 時間：認識自己的情緒

1. 情緒臉譜

下表中，第一欄放了不同的臉部表情。請孩子說說看，每一種表情分別代表什麼情緒？然後再聊聊什麼情況下，會感受到那些情緒；請從基本情緒*開始。把這些狀況寫下來，讓孩子透過語言表達感受，幫他將「情緒」和「引起情緒的情境」二者結合起來。你可以用自己的經驗舉例說明，感受到某些情緒的情景是什麼，讓孩子更容易明白。這個練習讓孩子學習去感受，並意識到心裡的情緒是什麼模樣，當然你也可以利用各種工具（繪本、小型圖卡等）來做這項活動。

---

* 譯注：基本情緒（émotions de base）指快樂、悲傷、恐懼、憤怒、厭惡，以及驚訝。

要確認的情緒	情緒的名稱	與這種情緒有關的情況
	恐懼	....
	憤怒	....
	快樂	....
	悲傷	....
	驚訝	....
	厭惡	....

2. 我的情緒和身體

拿出輔助工具，像是繪本、小型圖卡，讓孩子使用。但這一次，從愉快的情緒開始，先讓孩子練習確認正面情緒的身體反應，接著再練習負面情緒，同時讓孩子想想可以用哪些方法，來緩和情緒的強烈程度。孩子目前有可能做到的，都讓他列出來。

情緒	身體和情緒之間的關聯	我可以做的事……
快樂	我覺得自己輕飄飄的、我想要跳來跳去、我想跳舞……	我跨出舞步。
憤怒	我喉嚨緊緊的、我發燒、我肚子痛、我牙齒咬得緊緊的、我的肌肉緊繃……	我抓住枕頭，在枕頭上拍打，然後拿起紙做的球，再扔出去。 我讓自己慢慢地深呼吸，同時仔細聽自己呼吸的聲音……
恐懼	我會發抖、我動彈不得、我的心跳很快……	我需要抱抱。
悲傷	我渾身無力、我會掉淚、我不想玩遊戲……	我抱住絨毛玩偶。

4. 電燈就是要關掉！
去睡覺就對了！

孩子可能害怕作噩夢，或者因為怕黑，睡覺時想要留一盞燈才感到安心。大人千萬別否定他的恐懼，也別為此嘲笑孩子。如果你輕視孩子心裡的那份畏懼，只會引起他更大的焦慮，同時還會影響孩子的睡眠，不利孩子的健康。父母要做的，應該是要減輕孩子的害怕。

孩子究竟在怕什麼呢？你不妨先與他討論這個問題，之後再開始做前面那些活動，而這次把討論重點集中在恐懼的情緒——為什麼白天他在房間裡不會怕，夜裡卻感到害怕？你要嘗試讓孩子說出來。想對付孩子怕黑的問題，安撫他、給他安全感，**就請考慮裝盞小夜燈吧！**

溫馨建議

倘若孩子會作噩夢，你可以為他建立一套「例行公事」，讓孩子依循上床前的睡前儀式。首先，孩子房間裡不能放 3C 產品，包括桌上型電腦或平板；其次，他上床的時間必須固定。你可以根據孩子的偏好，播放一點柔和音樂、讀一則他喜歡的故事，以及讓孩子在床上放個讓他更安心的物品，讓他抱著愉快的心情入眠。

練習時間：畫出噩夢，打敗它！

把自己的情緒畫出來，能讓人沉澱思索，並表達出內心的感受，也能緩和強烈的情緒。這項活動要在白天進行，或者乾脆就讓它成為孩子上床睡覺前的例行儀式。
鼓勵孩子，畫出噩夢的內容。接著，跟孩子說，他能改變夢的結局，讓孩子經由這個噩夢，反而得到某種正面的好處（舉例來說，像是孩子面對怪獸，結果打敗牠了）。你可以透過繪畫或口述，講一個結局令人幸福快樂的故事，並嵌進孩子的噩夢，讓這個噩夢與他熟悉的開心故事結合。

安全型依附

安全型依附（L'attachement sécure），
指的是父母能夠及時感受孩子的需求，並加以回應，
因此產生的情感關係。它讓孩子擁有安全感，以此為基礎去探索世界。
舉凡一個符合心理預期的熟悉環境，與稚齡幼兒的肢體互動，
或者給他們安慰鼓舞，都有助於建立安全型依附。
有安全感的孩子，日後更能獨立自主，在情感上也較有自信，
即使需要尋求支援，也比較不易退縮，他能更自在的處理待人接物。
此外，他調整情緒的能力也會比較強。
安全型依附可以增強一個人的抗壓性和恢復能力。

安全型依附會隨著個人的生命進程有所變化，
不過，由於童年是依附心理機制發展的關鍵時期，
讓孩子在童年初期就打下基礎至關重要。
一個充滿愛的家庭，能使孩子感到安心，讓孩子感覺被愛、被接納，
這種充滿信賴感的依附情感得以發展，並長久停駐在孩子的心靈。
孩子會變得更堅強，使他能夠面對未來必須克服的種種困境。

5. 別一直纏著我！

無論你到哪裡，孩子都跟著你團團轉。他老是黏在你身邊，一點也不獨立，有時還會惹你生氣。偏偏你有許多事要做，不可能讓他一直緊跟著你。時間、時間，爸爸媽媽需要時間，孩子為什麼不明白呢？

孩子對觸覺比較敏感，因為接觸對他來說是溝通的主要形式。**還未進入語言期的嬰幼兒**，由於無法掌握語言，**父母的肢體接觸會讓他感到安心**。隨著成長，孩子會一點一滴自然而然學會使用語言，不過，即使到了那個時候，透過觸覺與孩子溝通，依然不可或缺。你對孩子做的舉動，或者是你給他的親親抱抱，對他來說都意義重大。

你覺得自己對孩子的愛，似乎無法透過接觸來表達，那麼，請先自問：在你小時候，你的父母是不是幾乎不太與你親親抱抱？或者是否也不太會和你用身體接觸來溝通？如果這是你的過往經歷，那麼，請你現在千萬別拒絕與孩子有肢體接觸。你要做的是努力改變自己，大方的以實際動作表達你的愛。如果父母吝於和孩子身體接觸，孩子可能會不安、容易退縮。透過這種認識情緒的練習，能夠引導孩子用言語來表達出情緒，讓孩子不至於做出太出格的事。

這樣更棒！

我們要訓練孩子，
不管你有空也好、沒空也好，
他都要能接受並適應。話雖如此，
由於「拒絕」會讓孩子脆弱，
所以請千萬別用拒絕的方式溝通。
我們要讓孩子安心，
你必須反過來先協助他，
促使他發展出安全型依附
（請參閱本書第 15 頁），
接著跟孩子解釋你目前在忙什麼，
並向他說清楚，
你的忙碌何時會告一段落。

所有人都需要留給自己一些獨處的時間，在這段時間裡，孩子不會纏著你、不會一直打擾你。然而，要讓孩子習慣爸爸媽媽也要有自己的時間，最好的方式，就是用他能了解的說詞與規則，簡單明瞭的解釋清楚。

怎麼做更有效？

　　請提醒自己，你想要求年幼的小孩明白他人觀點，簡直比登天還難！孩子的耐心有限，他容易牛脾氣發作，又盧又歡必霸。然而，爸爸媽媽固然要即時回應孩子的生理需求（例如口渴、饑餓），以及情感需求（例如他想討抱抱才安心），但是當孩子漸漸長大，也要教會他學習等待、學習表現出耐心。

　　你要以非常明確的口語，向孩子說明為什麼你不能立即滿足他的要求，而且你的解釋要夠具體才行。當然，說理之前，別忘了先抱抱孩子，接著才是向

他好好解釋，爸爸媽媽也有事情要做，所以請他遵守「遊戲規則」：等你完成手邊的事情，你會陪他一起玩。

　　舉例來說，你可以對孩子表示：「現在我得做飯。不過，等我煮好，我會和你一起玩（或為你讀一本書、帶你去公園等等）**。我知道你可以等一等。」**你正在忙的時候，可以建議孩子做一項活動，並且不忘稱讚他有遵守約定。這種雙方事先商量的方式，能讓他感到安心，而且大人也以身作則，對於孩子未來發展社交，你會是他很好的榜樣。

6. 你太敏感了吧！

你是否覺得孩子極其敏感又玻璃心？他太過在意同學對他的看法，或動不動就嗚嗚咽咽、哭哭啼啼，這些情緒敏感的問題，多得讓你煩不勝煩、疲於應付……

千萬別把孩子推走，也不要低估他的情緒！此時你一定要抱持同理心，傾聽他的心聲，想想，就連大人也會陷入情緒風暴而無法自拔呢！但別忘了，我們多少已經會控制情緒，而孩子的腦部還在發育，他的情緒處理機制尚未成熟，所以請不要拿大人的標準來類比或要求孩子。

怎麼做更有效？

有時候我們覺得無關緊要的事，孩子卻會反應激烈。此時你可以做的是設身處地，想想每個人都有自己的地雷，有些事就是特別容易激起你的情緒，多去揣想孩子此刻的感受吧！畢竟他還沒有能力讓自己抽離當下的情境，無法客觀看待事情，當然也無法快速調整心情。這時候，**請思索，當你自己處在情緒漩渦時，會需要什麼、或希望別人怎麼幫你？**那麼，你就會更清楚孩子究竟是怎麼回事。不論如何，孩子此時很需要你，千萬別拒他於千里之外！

溫馨建議

抱持同理心、耐心聆聽，對孩子說話語氣要平和，不急著評論。要協助孩子，透過字句去敘述發生了什麼事。你可以告訴他，人有情緒是合情合理的，並承認這件事會影響到他。接著，讓孩子說說看，他目前的情緒是哪一種？這可以幫他振作精神。「我明白這件事讓你非常難過」，或者是「我知道你會害怕」，都是此時你可以對他說的話，當然也可以建議孩子，碰到不同狀況時可以怎麼做或怎麼說。請運用下一頁的技巧，引導孩子學習「意識」、「表達」、「調整」的三部曲。

做一個收集情緒的寶盒

先請孩子畫出他的情緒，再來討論，他感覺身體的哪個部位，最能感受到這種情緒呢？之後，請找一本跟這種情緒有關的童書，一起閱讀，讓孩子更了解書裡要呈現的情緒主題，讓他學習怎麼應對。經常和孩子一起討論，孩子就會更清楚的意識到自己的狀況，也能提高表達情緒的能力。當他漸漸學會去辨識自己的情緒機制，日後就會更懂得自我調整，這也有助於孩子的社交技巧，隨著他長大成人，他會變成一個 EQ 好、能從容面對困難的人。

再來，教孩子用紙板做個盒子，讓他隨喜好裝飾這個紙盒，之後他就可以放入他畫的圖、他的書，或任何他想放的小圖卡。

寫日記有治療效果

倘若孩子的年紀已經可以寫字，那麼，不妨送孩子一本記事本，讓他可以記下他的想法和情感。選擇記事本時，要挑漂亮一點、彩色的，最好能有孩子喜歡的圖樣。由於書寫具有治療功能，所以這本日記未來會成為孩子的好夥伴，會很有幫助。但切記，你必須尊重孩子的隱私，不能偷翻他的日記。

親愛的日記……
我自己……

7. 別擔心啦！

儘管你這麼說是要設法令人安心，然而，這句話的安撫效果卻等於零。倘若孩子真的很焦慮，光靠這幾個字是無法趕走他的不安。一開始，要先引導孩子表達出他的感受，因此，你一定要懷抱同理心去傾聽。換句話說，你要先弄清楚引起孩子焦慮不安的原因，而且不要劈頭就給評論。

• 別低估孩子的感受。你得尊重孩子的遭遇，也必須聽他說話。

• 別擅自幫孩子詮釋事情，也不要透過言語去貶低他所說的，像是對孩子說：「啊！你不知道嗎？這是因為……」

• 別同情孩子（重要的不是憐憫他的遭遇，而是要協助孩子，讓他的思考模式能夠改變）。

• 別命令孩子，也不要輕率給他建議（例如：「你只要這樣那樣，不就好了啊？」）如果「戰勝焦慮」有這麼容易，那麼孩子早就已經解決心裡的不安了。

• 暫時不要提出你會給他支援（像是：「媽咪會幫你……」）。你這麼做，會讓他失去練習獨立自主的機會，應該讓他自己試試看，不要弄巧成拙、削弱他獨自面對困境的信心與勇氣。

怎麼做更有效？

聽完孩子的心聲，請立刻用一項簡單的技巧來幫助他排解焦慮——其實這時候最重要的，就只是導引他的思考方向，將他的負面思維，扭轉成比較正面的方向。

思維訓練：紅色壞想法 VS. 綠色好主意

- 孩童從六、七歲起，會開始發展推理能力、邏輯能力和歸納能力，以下介紹的這個練習，推薦給六到七歲，或年紀更大的孩子。

- 做一份有兩個欄位的表格。第一個欄位寫「紅色壞想法」，列出各種會使人感到焦慮的念頭，例如，「我怕接下來的考試會考不好，分數很糟糕。」這就是一種「紅色壞想法」，以此作為起點，帶著孩子試試看換個角度思考。所以，第二個欄位是「綠色好主意」，這欄所要填入的，是正面的思考方向，能幫孩子減輕焦慮。接下來就透過這種把「紅色壞想法」轉換成「綠色好主意」的方式，引領孩子一一思考他面對的各種狀況。

- 有些想法容易導致我們鑽牛角尖，但只要換個角度來看，就能減輕負面衝擊。這份表格的設計，照一般習慣，運用紅綠兩種顏色，直觀的呈現不同內容，很容易就能對照前後兩種想法。「我接下來的考試會考不好，分數會很糟糕」這是一種「紅色壞想法」，其相對應的「綠色好主意」，可能就是「如果我用功一點，就不會考太慘」。當然囉，一個「紅色壞想法」可能會有好幾種「綠色好主意」，這沒有標準答案。

- 這項練習有助於讓人拉開距離、保持客觀，以不同角度來看待自身處境。感到焦慮的時候，重要的是不要讓焦慮控制自己，而是要逐步學習去克服心裡的不安。

- 如果孩子很難靠自己擺脫負面思維，不妨教他換位思考，改而去尋求可以幫忙的對象。舉例來說，詢問孩子，要是他的朋友、或他特別喜愛的角色，對他說出「紅色壞想法」，這個時候，他會怎麼說、給對方什麼樣的「綠色好主意」呢？

- 填寫表格之後，將它張貼起來，例如貼在孩子的房間裡。

我的紅色壞想法和綠色好主意

紅色壞想法	綠色好主意

8. 爸比和我只是要出去幾小時，拜託你別那麼幼稚！

好不容易，你終於可以去參加聚會了！一切看似十分順利，你也好不容易找到一個可信賴的人能幫忙照料孩子，偏偏，出門前，孩子開始一把眼淚一把鼻涕，搥胸頓足的拖住你，不想要你出門──與其為此惱火，不如改用有建設性的方式處理：讓孩子建立時間觀念吧！

怎麼做更有效？

年紀小的孩子難以理解時間觀念，他還不能理解什麼是「一段時間」，所以他會惶惶不安、焦躁難過。

兩歲到七歲之間的孩子，會透過模仿來學習。他會開始運用具有象徵意義的符號（例如假裝自己是某個人），學習畫圖，同時漸漸能掌握一些簡單的心理意象。此外，在這段時間，也會一點一滴的發展「設身處地的能力」。接下來，他會開始學習去「比較」與「對照」事物，並有能力可以歸納情況，但其實他對於事物之間比較細微的差異，還沒成熟到可以掌握。因此我們可以藉由視覺圖像的輔助，讓孩子逐漸領會抽象的概念，幫助他去理解事物之間細微的不同。

「時間」的概念，對於年紀小的孩子來說，依舊相當抽象，所以**涉及時間的事，最好能利用一些活動**，例如用視覺表現，讓他可以看到生活中某一天的作息流程，**讓孩子逐步習慣時間概念，他就能體會時間存在**。即使還不能掌握「小時」這項概念，但只要孩子可以理解「時間確實存在」，他漸漸的就能認知到時間是可以計量、估算的單位。

這樣更棒！

當你要暫時離開孩子，請不要有罪惡感！想擁有和諧穩定的家庭生活，就一定要適時讓自己和伴侶都能有「放風時間」。讓孩子不因父母暫時離開而焦躁，關鍵是要教他了解「爸媽不在」和「爸媽在身邊」這兩種時刻其實會輪流出現。等他能接受這件事，他的心緒會更安穩、更快樂，對爸爸媽媽來說，更是能放鬆身心的「小確幸」！

我的日常作息時間表

不妨根據孩子年齡，為他製作一份還算詳盡的日常作息時間表。做表格時，用一些小圖案，或是請孩子來畫圖、著色。請運用代表時間的簡單象徵（像是太陽、月亮之類），以及和某段作息有關的空間標誌，讓孩子很容易可以把三個元素聯想一起：在「一天內的不同時刻」、「最常待的地方」，以及「在這些時候最常做的事情」。明確知道一段時間的起點和終點，會讓人更安心，也可讓孩子將來更清楚理解「時間會流動」的概念。利用這份時間表，說明或標示清楚，「爸比和媽咪不在的那段時間，只是一整天裡的一小段而已」，等下一個時段開始，你們就會回到他的身邊。也就是當我們具體呈現「父母不在身邊的時段」，讓孩子可以「看得到」，他容易理解並能做好心理準備，自然可以更心平氣和的接受。

我的作息時間表

時間象徵	空間標誌（我常在的地方）	我做的事
早上	在我房間裡 在廚房 在浴室	我自己起床、我吃早餐、我自己刷牙……等等
中午	在廚房	我吃飯
下午	在花園裡，或在公園……	我在玩
晚上	在廚房 在客廳 在我房間裡	我吃晚餐、我自己刷牙、我看一個故事……等等
夜裡	在我房間裡	我在睡覺

9. 你真的很討厭！

相信所有人都說過這句話，或至少都聽過這句話。儘管聽起來再普通不過，我們卻需要好好的想一想、提醒自己。以這種口吻說出口，實際上是在批評孩子「這整個人」——即便你的本意只是想斥責他的某一個行為，而不是全盤否定他。試想，人生而為人，就算是孩子也有他的自尊，批評孩子的存在價值，會讓他覺得自己被否定了，自尊與自我評價雙雙受到打擊。更糟的是，你原本希望他改善問題，他卻會因此關上心門、拒絕改變。

怎麼做更有效？

父母需要做的，是讓孩子充份了解前因後果（例如他做出來的舉動，為什麼會影響其他人）。你必須舉例說明，而且敘述時不要指著對方說「你」如何如何，而是要簡單、明確的讓孩子聽懂，他先前做的事何以不妥。

同時，因為孩子已經帶有某些情緒（例如憤怒、恐懼），而做出不恰當的事，此時你要協助孩子，讓他辨識出究竟是哪一種情緒，使他當下那麼做。有時候，事態看起來很混亂，原因很單純——他只是累了，疲憊的身體在抗議了！如果孩子能先放下眼前情況，直接意識到自己的狀態，之後他掌握情緒的能力就會慢慢發展得更好。

孩子會一點一滴的學會情緒和行為之間的因果關係，就能找到比較合適的反應，去面對不同的刺激。

畫重點

要和孩子溝通良好，有許多關鍵。其中之一，就是絕對只談具體事實，不要輕易評論。你必須讓他先回想當時發生的事，再對他解釋，這樣的行為會對其他人造成什麼影響。之後，用簡單的方式請孩子改變行為，而且要求他確實做到。同時，請提示孩子想想看，當他日後遇到類似情況，可以採取哪些不同反應？你也可以提出其他建議，或舉例說明好讓他理解：將來如果遇上不同狀況，怎麼做會更恰當？

故事角色的分享和同理

● 孩子是否已十分明白每種情緒會帶來的感受？跟孩子聊聊你自己的例子，當你遇到各種情況曾有的不同情緒，然後詢問他，在什麼狀況下，他也會感受這些情緒？

● 拿出故事書吧！要學習管理情緒，書籍是很棒的輔助工具。

● 問問孩子，他對故事裡的每個角色感覺如何？也問他，這些角色的情緒、舉動，可能是什麼原因造成？他們周圍的人會受到什麼影響？透過問答，讓孩子思考：「如果……的話，可能會發生什麼事？」

● 這個練習能讓孩子意識到「我的行為造成的後果，跟他人有關」，換句話說，他更明白，「別人會因為我的行為受到影響」，如此也能提升孩子的 EQ 和同理能力。

10. 你剛才做了什麼好事，過來自己說！

你不在的時候，孩子闖了一個小禍（其實無傷大雅，只是有點蠢、讓人困擾），後來被你發現了，你覺得他實在欠罵，於是責備孩子。等另一半回到家，你堅持必須讓孩子得到教訓——請注意，也許你本意良好，不過這種處理方式卻不太妥當！當孩子的行為造成問題，即使想要檢討，也不應該從這個口氣開始。

羞辱孩子，只是會讓孩子關上心門，同時貶低他的自我評價（感覺自己「微不足道」與「弱小」，卻無能為力做出改變）。令孩子難堪與羞恥，非但無法解決問題，反而會造成妨礙。

況且，心有羞愧的孩子，一天一天地，就會害怕他人評論自己，也會缺乏自信心。這導致孩子無法分辨「我本來就可以做的事」和「實際上表現的行為」，可是，學習理解這兩者的差異非常重要！我們要導正孩子，不應該是刻意貶低他、讓他懷抱羞愧，而是需要讓孩子真正了解自己的舉動為什麼造成問題，以及未來要怎麼改變行為。因此，父母親要做的，是教育孩子漸漸擁有同理心，使孩子能設身處地為他人著想，懂得去觀察、了解對方的情緒。

怎麼做更有效？

父母採用的策略，要能完整解決問題。首先，必須條理分明，先仔細釐清事發情境，請孩子敘述或用畫的重現當時情況，但請注意，不要讓孩子覺得丟臉，只需要他平靜回想那時的事情即可。

接下來，讓孩子設想，面對當時狀況，他還能做出什麼不同反應，對事情更有幫助？之後，你們可以試著討論出其他更恰當的舉動，讓孩子有所依循，之後就不會再有不合宜的行為。

動腦時間：想想其他方法！

- 你和孩子可以一起腦力激盪，先具體回想事情發生的情況，再提出替代做法。例如兄弟姊妹吵架了，你可以要孩子先敘述那時發生的事；接下來，詢問孩子，還能用什麼方式來處理當時情況，好讓事情順利解決？我們要讓孩子意識到，他的行為會對其他人造成什麼後果。一起動動腦，舉出「其他更好的方式」，才能激發孩子的同理心，讓他經一事，長一智。

- 反思－陳述－想出替代解決方法，要鼓勵孩子設法找到這樣的思考步驟。如果他真的想不出來，你也可以提出各種建議讓孩子選擇，直到他挑中一種他覺得「自己似乎可以做到」的好方法。

- 先一起積極尋找解決之道，接下來要他採用你們有共識的方案，就會容易許多。因為更好的方案，某種程度來說已經放在他的心上；一旦有參與感，這些新方案，就會內化成他自己主動想到的做法，而不是別人強迫他做的事。

11. 好，隨便你，我不管你了！

孩子上演跳針，一邊哭一邊跺腳，搞得你又累又煩，最後只好妥協，只想讓耳根清靜──不過，你為了脫身所做出的讓步，其實也幫自己立下了頭痛的前例。這個「例外」，等於在暗示孩子，只要「盧」到大人受不了、快要氣瘋，他或許就能嚐到甜頭呢！他得到鼓勵，學到「會吵的孩子有糖吃」，當他一旦用上這招，以後你想要糾正，可就難了！

怎麼做更有效？

隨著孩子的年齡和成熟度，父母親的策略也會有所調整，不過，請**一定要懂得設定界限並堅持原則**。最重要的不是你有多嚴格，也並非濫用「不」字來拒絕孩子，而是要能站穩立場，不必有罪惡感，也不要反覆變卦。要讓孩子明白，他想要的，不代表他能全部擁有，他必須學會靠自己撫平內心的失望、沮喪。因此，我們得訓練孩子自己排解情緒──就算他焦躁痛苦、抱怨連天。如果有需要，在他情緒發作時，不妨讓他躺在床上等自己平靜下來。如果他的情緒沒那麼強烈，就讓他透過小活動來學習管理情緒。能堅守原則的爸爸媽媽，肯定能幫助孩子各方面漸漸成長。請持之以恆，保持原則，如此也能讓孩子更有安全感，不會無所適從。

此外，對於孩子一些請求，與其一口回絕，不如用正面回覆，對孩子提出某些「前提」。舉例來說，當孩子問：「我可以去外面玩嗎？」此時請不要說：「不行，你得先寫完功課！」而是要簡單回答他：「可以喔，但要等到你寫完功課！」

穩定情緒的 4 種技巧

腹式呼吸

花個幾秒鐘練習腹部呼吸,讓心裡的憤怒或焦慮得以減輕——這是你和孩子鬧情緒的衝突告一段落之後,可以使用的絕佳技巧。

情緒圖

做一份情緒圖,要特別強調憤怒這種情緒(關於圖像運用,可以參閱本書第9、11頁)。此外,你得教導孩子,請他以言語表達出他的感受,並讓他了解:是什麼因素造成的,好讓他可以自我調整。透過言語的表達,孩子可以更客觀的面對眼前處境,也能慢慢學會各種「情緒工具」。

釋放體力,好用的觸覺工具

用一些能讓人釋放體力的東西(像是地墊、大型抱枕、舒壓發洩球、觸覺球、按摩滾筒、運動黏土),或是讓人放鬆的東西(例如發光的安撫玩具、帳篷、懶骨頭沙發、大型絨毛玩具),布置一個小角落,讓孩子可以獨處冷靜,同時也能放鬆,這對於情緒管理較有困難的孩子會有所助益。

不過,要是孩子遇上重大問題,過了一段時間始終無法改善,還是要尋求專業幫助。心理諮商師會分析情況,了解孩子情緒發作、長期影響生心理的原因。找出問題,才能用更合適的方法對症解決。

情緒溫度計

情緒溫度計是一種視覺輔助工具,在網路上很容易找到參考圖。情緒溫度計和情緒圖,都可以幫我們確認情緒,也讓我們更方便的去分析引發情緒的因素。當我們情緒低落,它也能幫我們辨識出連帶引起的生理症狀,在「眼前境況」和「情緒反應」之間找出關聯性,接下來經由練習,就能慢慢學會像「行動輪盤」*的技巧(請參考下頁)。

---

* 譯注:「行動輪盤」是一種正向教養理論常用的教學工具。孩子要在輪盤裡寫或畫出各種用來處理衝突的方法,經常練習思考解決問題的方法,可以培養孩子自己解決問題的能力和責任感。

行動輪盤 DIY

● 網路上可以找到「行動輪盤」的線上版本＊。這個活動趣味十足、方法多元，我們可以透過它來學習處理心裡的怒氣。行動輪盤的版本形形色色，你不妨根據孩子的年齡和成熟度來選擇適用版本。

● 在孩子的情緒平穩後使用這種輪盤，可以同時提供孩子好幾種解決方案，而且各種方案可以相互替換，孩子能從中選擇他想要的解決方式。這不僅能提高孩子解決問題的能力，也是解決內心衝突的好工具。舉例來說，孩子發脾氣時，他可以選擇：自己一個人待在某個地方，呼吸、拍打抱枕、在快要爆炸時喘氣、畫圖等等。重點是，孩子必須要意識到自己的情緒機制，而且要能透過語言表達感受，同時還得逐步學會各種技巧，才能打敗情緒怪獸。

＊ 譯注：在台灣「教育部家庭教育網」也可以找到 DIY 行動輪盤的教學範例：https://moe.familyedu.moe.gov.tw/Pages/Detail.aspx?nodeid=5528&pid=10871

12. 你到底在哭什麼啦？別再哭了！

太火大了！孩子根本不能好好說話，不管大事小事，他就是哭個不停，真的讓你頭頂冒煙！儘管孩子受挫、沮喪、叫苦連天是常見的事，不過，要是這種愛哭包太常上演，父母就應該提供協助，用一些方法讓他改變這個習慣。

為什麼會這樣？

年紀小的孩子，往往會以自己為重心，他覺得世界會繞著自己打轉。我們需要一點時間教育他，他想要的，並不一定都能擁有。再加上小小孩的語言表達能力還沒有發展成熟，以致他有時候會找不到合適的詞彙來表達感受，而這也會造成他的挫折感。孩子一方面希望能自己作主，一方面他卻無法做到想做的事，於是他開始哭哭啼啼。另一種可能是，孩子身邊有人非常愛哭，他在模仿對方的行為——某個人本來沒有人理，因為哭泣而引起注意。於是孩子有樣學樣，他以為只要自己也跟著哭，就能得到想要的東西。

如何插手調解？

看到孩子哭，首先要確認不是由身體因素所引起（例如累到極點、生病不舒服）；再對孩子說，你會好好聽他說話，但請他也要加油，不要一邊哭一邊說，要用正常的聲音來講。等孩子能正常說話，你一定要展現出認真仔細的態度，不要讓他覺得只有哭哭啼啼才能吸引你注意。當孩子以正常語調向你提出請求，你也要給他肯定，做一些表示，鼓勵他用平靜的態度表達想法。如果孩子又開始哭，請你務必保持鎮靜，告訴他，等他能以適當的方式說出需要，你才會回應他的要求。記得，你要表現得很理性，才能正確引導孩子，讓他愈來愈穩定，不會動不動就哭個不停。

13. 給我安靜啦！

現在的你，又疲憊又緊繃，明明下班回到家，頭卻陣陣作痛……這時候要你有餘裕聽孩子說話，根本很難做到！然而，完全不給解釋就一口回絕，可能會刺激孩子，令他變得不穩定。就算旁人想打圓場，跟孩子解釋現在不是跟爸爸媽媽溝通的好時間，他八成也不會相信。

給孩子安全感，並不代表父母永遠都有空待在孩子身邊。要是你覺得不舒服、需要休息，也是天經地義的事，不過，這個時候，請注意你的表達方式。

要休息才會好一點。」

別忘了，孩子年紀很小，要他自己轉移焦點或體會別人感受，對他來說還有點難度。

怎麼做更有效？

斬釘截鐵的對孩子說：「給我安靜啦！」不解釋不安撫，這種口氣會使孩子感到很受傷。相形之下，**向孩子簡單說一下你的狀況**，會有效很多，例如你可以說：「抱歉，我頭很痛，真的需

溫馨建議

如果孩子年紀很小，重點是讓他感到安心。請向孩子解釋，你覺得自己很不舒服，在好一點之前需要睡個覺、休息一下。如此一來，非但不會傷害孩子，他也不會感覺你是在拒絕他，同時能給孩子機會教育，讓孩子學會去體諒他人的需求。

活動 ## 同理心時間：看看自己，想想他人

以孩子實際遭遇的情境為例，回想他先前發燒、肚子痛，或者是自己不舒服的其他情況，當時感受如何？我們要教導孩子懂得設身處地為人著想，鼓勵他試著了解他人處境，培養同理心，面對他人的需求，他將更能換位思考。

14. 你不這麼做的話，
我就不愛你了喔！

如果孩子一不聽話，你就威脅他：「我不愛你了！」就算你是半開玩笑的說出這句話，依舊很糟糕！父母對孩子的愛，能幫助孩子建立起「安全型依附」，讓他不會因為環境改變就會強烈不安。

我們愛孩子，也教導他自律，希望讓他在邁向成年之前，能有更萬全的準備。的確，孩子要明白有些規則他就是得遵守，並培養自己的同理能力。但我們不能讓孩子以為，父母給他的愛取決於「他是否聽話」，這並不是恰當的教育方式。把孩子推得遠遠的，對於教導他非但沒有半點用處，還會造成他的焦慮。對孩子說出這句話，根本是一種情感勒索！也會導致孩子因為「害怕別人不愛自己」，而無法開口對他人說「不」。

怎麼做更有效？

與孩子溝通時，以簡單、清楚為原則。**與其對孩子說：「如果你⋯⋯的話，就⋯⋯。」不如說：「你⋯⋯，到時候就⋯⋯。」**舉例來說，對孩子說：「你整理好玩具，到時候就可以去花園玩。」要運用正面積極的語氣來強化孩子的動機，好讓他更樂意聽你的話；而當他完成任務，你就給予稱讚。久而久之，孩子會因為獲得肯定，自動自發的重複正面的行為。

活動　做家事好處多

即使是微不足道的瑣事，還是要讓孩子知道我們樂意教他，只要在他幫得上忙的範圍內，都盡量引導並鼓勵他。如果父母用正面的態度積極鼓勵孩子參與家事，年紀小的孩子大部分都會興高采烈、樂意和大人一起做事。對於小小孩，可以讓他漸進式的分擔比較簡單的工作（像是將麵粉倒進沙拉碗裡、攪拌麵糊、澆花⋯⋯）。鼓勵孩子做家事有許多好處，一則他往後幫忙家事的動力會提升、樂意為家庭付出；二則他能從中得到成就感、體會被需要的滿足與快樂。除了能促使孩子學習獨立自主，也強化他對家庭的歸屬感，令他更有責任感，幫助他建立自尊。

15. 這又不是世界末日，
你還會碰到其他事呢！

日常中，總有些情況會影響孩子的心情，像是好朋友要搬家，或孩子特別喜愛的老師生病，但他很不喜歡代課老師……以成人的觀點來看，這些似乎沒什麼大不了，不過，人生各階段都有不同的挑戰需要克服，對未經世事的孩子而言，小事也是大事，當他經歷這些課題，難免會出現強烈情緒。

對年紀小的孩子說出這句話，就如同對他說：你現在的種種煩惱、情緒，只不過是剛開始，以後還有更嚴重的喔！這種說法很容易引起負面暗示，讓他一直放在心裡，結果只是造成陰影，根本無法帶給人任何安慰。你說出口的話，必須先想到會不會造成更糟糕的結果；也就是，當孩子遇上問題，父母最好要選擇比較有建設性的方式來幫忙。

孩子有自己的人生觀，千萬不要低估、也不要漠視它。

怎麼做更有效？

我們要能以同理心傾聽孩子內心承受的痛苦。與其急著想把孩子拉出情緒風暴（彷彿他的苦惱微不足道），倒不如讓孩子練習透過言語表達情緒，並訓練他運用某些技巧和活動，察覺與調適自己的情緒。此外，請向孩子提出具體的解決之道。例如，當他為了好友即將離開而難過，你可以主動表示：「這個週末，我們要不要邀請你的好朋友過來玩？」

> ## 畫重點
>
> 大人早就忘了自己小時候的心情起落有多激烈，
> 所以正向教養的首要原則之一，就是大人要懂得「不要用自己的眼光
> 來看待事物」，要能同理，並以溫和的態度傾聽孩子說話。
> 推薦你採用「EVCR-R」的模式：先「傾聽」（Écoute）孩子心聲，
> 並讓孩子「訴諸言語」（Verbalisation）表達感受，同時給予「尊重」〔Respect〕，
> 以協助孩子「了解」（Comprendre）與「認識」（Connaître）他的情緒機制。
> 如此方能協助孩子調適（Régulation）情緒。

爸爸媽媽也可以改變自己！

改變長久習慣的第一步，就是你得先釐清，當自己「面對有情緒的孩子時」，最常會出現哪些想法？接下來，套用前述的「EVCR-R」，目標要能觀照自身情緒、學習管理並調節情緒，下表提供一些準則，讓你可以自我檢視「過去 VS. 現在」。

我以前會這樣	我現在會這樣	打勾
	我使用「EVCR-R」的處理方式：	
● 孩子的情緒讓我有點失去耐心	● 傾聽： 我能以同理心聽孩子說話。	☐
	● 訴諸言語： 我會讓孩子能以言語表達情緒。	☐
● 如果我太常聽孩子講心事，他就會變得更加敏感	● 尊重： 我尊重孩子的情緒，不低估它的重要程度。	☐
● 孩子面對這些情況，應該要淡定才是	● 了解與認識： 我協助孩子辨識出他的情緒狀態， 也幫助他理解自己的情緒機制。	☐
	● 調整： 我教導孩子一些方法， 讓他能自我管理和調適情緒、提升孩子的 EQ。	☐

16. 你就要有弟弟(妹妹)了，你應該要高興啊！

如果孩子是家裡的獨生子（女），這個消息可能會讓他忐忑不安，某些孩子甚至無法接受。然而，不管孩子有什麼反應，無論是悲傷、嫉妒、焦慮、怨恨、憤怒……種種情緒的產生，反而能引領他走出困境。

不要試圖強迫孩子接受，搞得他好像非要開心回應不可。你向孩子宣布這個消息時，語氣要輕柔、溫和。孩子如果爆發情緒，你必須尊重、同理他，同時讓他明白，他在家裡的地位並不會被取代。孩子多半會感覺很複雜，也許同時有好幾種情感交互出現，你要告訴他，這樣的心情很正常。要和大孩子談論弟弟妹妹的話題，可多利用「寶寶要來了」這類主題的故事書，讓他大致明白家有新生兒是什麼情況。

如果孩子想參與迎接寶寶的準備工作，要多鼓勵他，像是讓他布置嬰兒房、一起去採買用品。跟孩子溝通，等寶寶來到家裡，他這個哥哥（或姊姊）需要分擔哪些工作，例如學著幫寶寶換尿布，以及寶寶洗澡時也在一旁幫忙等等。重點是，要自我提醒，不會為了新生兒把大孩子排拒在外，讓他明白：他是這個家裡重要的一份子，你們會一起迎接寶寶加入的新生活，這是共同屬於每一個人的大事。

不過要注意，即使孩子看到寶寶剛開始反應良好，他之後還是有可能會「排斥新來的成員」。常有一些大孩子會要求爸爸媽媽，請他們將寶寶帶回醫院；也有可能做出不合年齡、幼稚的退化行為，以試圖吸引爸爸媽媽的注意；也有可能太粗魯弄痛他的弟弟或妹妹。他們可能會認定，一切的不順心都是寶寶害的！又或者，出現另一種極端狀況：刻意力求表現，渴望獲得肯定。在這段孩子的調適期，你要保持敏感，時時注意孩子的一舉一動，妥善安排家人共度的時間，維繫良好的生活品質，才能加強孩子對這個家的歸屬感。

同時，你也要盡量答應孩子，繼續給他專屬的相處時光，而且「照料新生兒的時間」和「與大孩子共度的時間」，你必須同樣重視，並在這兩種時間之中，努力取得平衡。

勞作時間：被愛包圍的畫

- 讓孩子安心的方法之一，就是讓他強烈感受「家人或親友一直都在身邊」。讓我們來做一幅「孩子和家人」為主題的畫，放在孩子的房間裡。請準備一些親友的照片，和孩子一起挑出他最喜愛的幾張，例如有爸爸和媽媽、爺爺奶奶或外公外婆、堂表兄弟姊妹，以及在學校的好朋友等等，再將這些照片固定在軟木片上。要知道新生兒來報到，對家裡每一個成員來說都是很特別的時刻，孩子除了擔憂自己可能會失去爸爸媽媽的愛，也會害怕原本親近的親友不再在乎自己。這幅畫能協助孩子，讓他意識到身邊的人會聚集起來形成一個圈圈，一樣會愛護他，如此能幫助他消除疑慮，不再患得患失。

- 孩子也可以在這張畫上，另外添加明信片、文字說明、圖畫等等。

盛裝小小幸福的盒子

為孩子做一個「盛裝幸福的紙盒」——把色紙摺成盒子，上面可以添加一些小圖案作裝飾。他可以把自己特別喜歡的照片都收進盒子裡，也可以放入他在假期裡得到的小東西、紀念品、明信片或圖畫。當寶寶來到這個家，你就要記得定時讓大孩子在盒子裡添加新的「小小幸福」，這將是他與家人共度時光的美好回憶。讓孩子可以自由放入或拿出東西，他可以決定要放什麼或不放什麼，這就是他的小寶盒。這個小盒子可以讓孩子「收藏回憶和幸福」，有助於他用更正面的態度看待自己在家中的位置。

17. 你都這麼大了，竟然還尿床，真是糟糕！

孩子會尿床，常常和焦慮、壓力有關，不過不同年齡的孩子，需要處理的方式不同——如果孩子已經超過五歲，你就得正視孩子夜裡「尿床」的問題，仔細找出原因，不要迴避；要是孩子未滿五歲，請放心，尿床本來就是會零星發生的小「意外」，毋須太過擔憂。

不要斥責孩子，也不要嘲笑他，更不要讓孩子有罪惡感，這樣只會讓他尿床的情況更加惡化。設法激勵孩子，可以使用接下來的「視覺提醒法」，為他設定清楚、簡單的目標，一段時間就會看到效果；如果長久仍無法改善尿床問題，那麼請帶孩子去看專業的心理醫生，找到問題的癥結點，才能用有效的方法幫助孩子學會控制、慢慢改善尿床的狀況，也可避免他為了尿床問題感到焦躁難過。此外，還有一點，父母一定要讓孩子擁有正常的社交生活，例如允許孩子留宿朋友家，不要因為過度擔心而限制太多。

活動　收集小太陽的日曆

- 給孩子一份日曆，與他一起填寫。只要是夜晚沒有尿床的日子，都請孩子在「乾爽日」的格子裡畫個小太陽。

- 當小太陽的數量累積變多，你要讚美孩子，並一定要給他獎勵！

mai						
	1	2	3	4	5	6
7	8	9	10	11	12	13
14	15	16	17	18	19	20
21	22	23	24	25	26	27
28	29	30	31			

18. 人生很難，等著瞧吧！

孩子的生活經驗少，心智也不如成人那麼成熟，所以他們對於父母的人生觀、各種想法，幾乎是毫無保留的接收並認同，爸爸媽媽的話語和想法，往往都會深植在孩子的心靈裡。然而，我們應該要讓孩子自己慢慢去理解人生，畢竟童年時光是如此短暫、如此可貴——也因此，不論爸爸媽媽有什麼負面的念頭，請多注意，孩子不是你的情緒垃圾桶。

怎麼做更有效？

當大人在生活中遭遇難關、挫折或不如意，請不要把孩子當作發洩情緒的對象。你要做的，是努力讓自己保有對人生的熱情，建議你不妨多去運動，或做一些冥想練習來改變想法。你得學會保持一點距離，讓自己客觀面對生活的種種。倘若你始終無法靠自己的力量克服困境，請務必要找專業人士諮商。

溫馨建議

一個安穩幸福的童年，對孩子來說，就有如一本讓他將來可以勇敢邁向這大千世界的護照，當他漸漸長大，必須面對人生各種無可回避的挑戰與風雨，他才能更有自信、更堅強的做好準備。父母親的責任，是在孩子需要保護的時候，成為他遮風避雨的安全港灣；換言之，請不要過早就剝奪孩子無憂無慮的童年。

活動　負面思維 VS. 正面見解

這是給爸爸媽媽做的活動。請把你的情緒，或潛藏在腦海中一些比較隱晦的想法，都清楚的歸納出來，觀照內心、仔細思索你有哪些負面想法。其實所謂的「往正面想」，和原先的負面想法很可能只有差一點點，但往往換個角度，就能抵銷我們內心的負能量。先列出負面思維，再各個擊破，針對每一項負面的打叉想法，給予畫圈圈的正面見解，看待事情就會不同。

負面思維	正面見解
....	....
....	....
....	....
....	....

19. 不要再作夢了，回到現實吧！

孩子滿七歲了，這是大人眼中「開始懂事的年紀」。為什麼呢？因為七至八歲這個階段，孩子腦部的發育已漸趨成熟（但每個孩子仍有個別差異）。當孩子面對生活中比較複雜的情況，開始懂得去探究原因、思考來龍去脈，他的推理能力、歸納能力，以及使用抽象概念的能力，都會愈來愈好。換句話說，他能夠進行更複雜、更高層次的學習，例如閱讀或計算。

一般來說，年紀愈小的幼兒，愈會覺得全世界都繞著自己的天地打轉，他考慮事情，也都以自己的需求為重心；但七歲的孩子已經能敞開心扉，看得多也想得多，開始有能力尋找事情的解決方式。當你要他反省、思考，他也比較做得到，特別是課業學習，這將是孩子發揮潛能的一大重點。儘管如此，對七歲的孩子來說，父母絕對不該揠苗助長、快速把他推向成人的世界！

如果你阻止這個年紀的孩子「作夢」，強迫他學會「現實」，孩子的思考範圍會在限制下變得狹隘，想法受到侷限，無法盡情發展。建議你，放任孩子自由自在的享受童年生活吧，不要讓他表現得太過早熟，也請不要把成人的行為標準套用在他身上。就算他的白日夢再怎麼荒誕離譜，也只是因為他本來就還是個孩子！隨著年齡漸長，他會自己學習、自我調整。

該怎麼做？

你不需要特別為孩子報名坊間的創造力發展課程，儘管這類課程會教孩子一些技巧（也確實能派上用場），不過，最根本的關鍵仍在於孩子有沒有「發展創造力」的良好基礎？如果孩子準備好了，他學到的技巧才有意義。

溫馨建議

爸爸媽媽要鼓勵孩子多玩、多想像，從中激發他們的創造力。想像力和創造力，讓我們能以全新的視野來看待世間萬物，用更開放的心胸去學習用不同觀點看事情。擁有這兩種能力，可以扭轉一個人的生活，亦是迎向未來最寶貴的王牌！

孩子還小的時候，多玩一些有助於發展創造力的東西，這些「東西」未必一定是玩具，可以是紙盒、布條、裡面裝了東西的塑膠罐等等。就讓孩子運用自己的想像力來玩耍。

當孩子年紀再大一些，請切記，絕對不要告訴他：「你這個年紀已經不玩這種遊戲了啦！」更不要把過於刻板或僵化的想法，強加在孩子身上。例如：「不對吧？蘋果不是藍色的。」──這種話絕對要避免。請讓孩子的想像力自由馳騁，盡情發揮創造力。

我們可以提議孩子做一些活動，例如玩積木、做勞作、甚至幫忙大人烹飪或參與花草園藝，這些都有助於培養孩子的創造力。盡可能為孩子留點空閒，讓他在沒有 3C、沒有電視的狀態下，不受限的探索、創作與想像。能激發創造力的條件之一，就是讓孩子有時候處在「傷腦筋」的狀態，他得靠自己動腦、並動手去尋找答案，努力去構思並創造新方法。「創造」能帶來更多的「創造」，當人們創造新事物、提出新方案時，同時也提升了動力，能夠引發更好的方案與更新的可能。所以多多動手，去做具有創造性的活動，比起單純只待在螢幕前查資料，對人的益處更大！

多鼓勵孩子自己構思一些計畫，並要能不屈不撓、有毅力的去執行。大人們總習慣以「現實主義」來考量事情，但這對孩子來說還言之過早，請不要用大人的眼光來指點他、破壞他的夢想；反之，要常常說故事給孩子聽，和他一起閱讀，並鼓勵孩子敘述他讀到的內容。莫忘了，「虛構」是通往想像世界的最佳道路。

20. 事情就是這樣，沒什麼好說的！

當孩子對你的決定提出疑問，或質疑你是否正確，你沒有任何解釋就斷然說出這句話，拒絕再做溝通——那麼你得注意，如果你口中的規矩，對孩子來說「不公平」，他一定會難以接受。其實對成年人來說，何嘗不是如此？請將心比心，回想你碰過的類似狀況，或許就能體會當孩子聽到這句話，他會感受挫折和沮喪。

父母應該要把握適當的分寸，用**孩子現階段聽得懂的說詞，簡單解釋他的疑問**，說得太細節太複雜，或說得太敷衍太武斷，二者都不合適。舉例來說，與其對孩子放話：「你得在七點鐘上床睡覺，就是這樣！」不如向孩子簡短說明睡眠的重要性。不要小看這段解釋，這可以讓孩子漸漸學會「因為……，所以要……」慢慢的，他會懂得把事情的因果建立起連結，往後當他發展邏輯推理能力，這些生活中的點滴，都會串連成重要的基礎。

溫馨建議

一定要與孩子對話！

雖然設下規矩的人是你，不過，如果孩子更清楚原因、可以真正牢記在心，他就更能遵守規定。用孩子容易了解的語言，解釋「為什麼爸爸媽媽要禁止你做某些事」，可以幫助他理解事情的前因後果。反之，如果大人只會一味的說狠話：「我說這樣就是這樣，其餘免談！」孩子失去了解箇中緣由的機會，反而阻礙了他的進步！所以，請換一種角度來說：爸爸媽媽建立某些規矩，是有各種重要的原因，並不是毫無道理的隨便亂定。

倘若孩子愛與你唱反調，你可以視情況提出幾種他可能做得到的替代方案，要他從中選擇，如此就能避免衝突發生。當然了，如果孩子表現良好，請務必要獎勵他。

親子共讀，鼓勵孩子「原因」

• 孩子需要學習遵守各種生活常規，這包括衛生、睡眠、飲食等各種層面，許多教養書都同意，教孩子明白這些規範是很重要的，因為這可以引導孩子培養良好的生活習慣和作息。不過，現實上要教孩子自動自發「照規矩來」，實在需要相當程度的耐心，更需要父母的堅持不懈。我們要讓孩子了解這些規矩存在的「理由」，之後再開始堅定、有恆心的落實，讓常規變成每天都要做到的例行公事。

• 搭配圖畫說明，不僅更有趣，也讓孩子更容易明白。圖書館有許多這類書籍，你與孩子可以去圖書館挑一兩本來看。與孩子一起選書，對於之後你要孩子開始遵守生活規範，也會有所幫助。

• 投資一點時間做親子共讀。你和孩子一起閱讀，無論以短期或長期來說，都有許多好處，除了讓孩子更快接受生活常規（將來他也比較不會有意見），透過閱讀，也是教導孩子學習用語言文字傳達想法、促進孩子的語言發展，而對你來說，不也因此和孩子共度了一段美妙時光？

21. 什麼都不懂！
你是笨蛋啊？

我們知道這不是你的本意，你只是因為工作不順，或各種大人會有的顧慮煩惱，覺得筋疲力盡、神經緊張……總之，這句話毫無思索的脫口而出了！如果孩子聽到之後就能自動調整、完全合乎你的要求，事情當然簡單許多；但現實是，這些傷人的言語，不僅激勵效果是零、無法讓小孩一秒變靈光，反而，這類言語造成的傷害，比你想像得還要深遠！

爸爸媽媽罵完小孩，通常轉過身就忘了，不過，作為被斥責的對象，如果孩子一天到晚聽到你這麼說，日積月累之下，他會把這些批評牢牢刻在心裡，造成長期的負面效果。當父母常常明示或暗示孩子愚蠢，會貶低他的自尊，也會為他貼上一張撕不下來的標籤，這對孩子自尊的傷害，將又強烈又深遠，而且難以彌平！

自尊是什麼？ 它是一個人完整意識到自己的才能和短處之後，建立起個人價值，並由此而生的自我認同情感。「信念」加上「態度」，就構成一個人的自尊；擁有自尊，才有能力面對人生，才有底氣迎接種種挑戰。自尊等於是一個人的自我評價，代表他如何衡量自己和他人的差異，如何看待自己的優點和弱點。所有人都是從童年時期就開始建立

自尊，幫助孩子培養這個重要特質，不僅能奠定他進入教育體制學習的基礎，也能為他邁向青少年、與成年生活做好預備。

另外，「自信」代表一個人在各種情況之下，都相信自己有能力獲得成功。所以確切而言，自尊和自信稍有不同，一個孩子就算有強烈的自尊，但當他面對某些困難，可能會缺乏過關的自信。但整體來說，當孩子擁有強烈的自尊，他在面對特別困難的關卡時，會更有能力克服。

如何協助孩子培養自尊？

教養孩子時，請用簡單易懂的規則，為孩子設立清楚且務實的界線，好讓他在這樣一個具有安全感的環境中成長。

這樣的環境，將會讓孩子尊重規矩與界線，他能夠對這些提出疑問，同時也有機會了解違反規矩時的後果。在親子對話的氛圍下，他能擁有一個表達個人情緒、感受、想法的空間，親子能夠互相了解，也因此能定下實際可行的目標。當孩子有良好的自尊心，未來將更有能力面對困難，更不屈不撓，他可以找出問題的解決方案，甚至更能夠發揮自己的才華。

活動 孩子的成長大不同

• 在孩子二到七歲這個階段，腦部的發育還不夠成熟，沒有能力運用比較抽象的概念，也還不懂太複雜深奧的表達方式，爸爸媽媽教他們的時候得用點技巧。首先，給孩子的指令要夠簡單、夠具體，容易聽懂為原則；其次，一次只講一個指令，循序漸進。你要確認孩子真的了解指令內容，如果有可能，最好由你自己示範一次，讓孩子可以照樣操作。慢慢的，他會愈懂愈多、愈學愈好，你就能漸漸放手，讓他開始學習獨立自主。在這個階段先幫孩子一把，能帶給他信心，他會更樂意去嘗試，也比較不會輕言放棄。

• 「我本來就能力有限啦！」如果孩子打從心裡這麼想，以後每當他遭受挫折，就很容易把自己的失敗全歸咎於「內在因素」——認定一切都是因為自己沒有才能，這會導致他缺乏動力，不會想方設法再次挑戰。在我們很小很小的時候，這種心理的「歸因機制」就早早進駐了，而且影響深遠、不易改變。心理學歷來有許多相關研究，「歸因理論」對於教育領域裡「學習動機」（無論是學業或體育）的探討，可説舉足輕重。當一個孩子自認「我天生就輸人一截」，他可能會自我放棄，往後將很難明白努力與堅持到底的重要價值，更別提碰到挫折時要激勵自己重新調整、再接再厲。但教育孩子不能操之過急，每個孩子有其天生的特質，你要讓他了解天生我材必有用，等到他長大、必須面對生活中的各種戰爭，懂得自我調適、正向思考就會是他獨一無二的武器。

22. 為了你，
我犧牲了一切耶！

孩子太惱人，幾乎把你逼到崩潰的邊緣，於是你吼出了這句話！儘管這只是反映你內心快要爆炸的沖天怨氣，然而，這種話對孩子的殺傷力卻特別巨大，容易導致他心理失衡。說出這句話，不僅會讓孩子感覺自己變成負擔，事實上，也代表你自己的人際關係出現問題了！

你的人生，不應該由孩子負責，更不應該讓孩子以為他的出生會造成你的問題、使你受苦受難。所謂犧牲，代表一個人放棄了原本想要的事物，例如快樂生活、生涯規劃、自由時間，或甚至可能是財務上的寬裕，要為人父、為人母，有時候的確是挺艱難的抉擇，更何況大人的生活並非永遠單純美好，這些都可想而知；然而，孩子不能、也不必為這一切負起責任，這對他而言是一種不可承受之重。就算孩子的問題再多、再令人惱怒，你也不該讓他為了降生在這世界上而懷抱罪惡感！

為什麼你會覺得做出很多的「犧牲」？

如果孩子一直認為自己是沉重的負荷，長久下來，絕對有害他的成長發育和心理健康。這句傷人的話會一直埋藏在孩子心裡，難以抹滅，以至於一點一滴的侵蝕他的自尊。再說一次，孩子對於自己的誕生無法選擇，而父母親為孩子去做或不去做哪些事，責任也不應該由他來承擔。如果你開始感覺自己「付出」太多，這也許是提醒你：是時候要調整教養策略了！

當我們老是覺得「時間被孩子占滿了、空暇都不是自己的」，心裡難免就會產生更多的怨懟，這是人之常情。但首先請記得，有快樂的父母才有快樂的孩子；第二，我們也要讓孩子了解，別人未必永遠以他的需要為優先，他必須學習妥協與耐心；第三，既然父母不應該讓孩子有罪惡感、不應該拿自己的幸福來與孩子的幸福對抗，請你千萬不要成為「犧牲奉獻」的父母，而是要在你的需求與孩子的需要之間，盡力找到平衡。

怎麼做更有效？

　　無論你是一個人，或是和伴侶一起，請花點時間做自己有興趣、或是能放鬆的事，這可以讓你的身心得到修復。要讓孩子習慣爸爸媽媽需要保有這種時間，這不僅正常，也很健康。大人得讓自己恢復好狀況，接下來才有餘裕、有餘力與他人共享優質時光。

活 動 ## 父母行事曆：留給自己的時間

- 準備一本行事曆，記得每一個月至少插入一個或兩個晚上，與你的伴侶或朋友共度。或至少，為自己留一點點專屬自己的時間，在這段時間內讓自己喘口氣，不必和孩子綁在一起。

- 記得提前規劃，安排保姆來照料孩子，也可以拜託爺爺奶奶、外公外婆或好朋友來幫忙。有人可以讓你暫時託兒，你就能放寬心去做自己很想做的事，不必總是告訴自己「為了孩子只能放棄」，疲憊怨滿的情緒也不會持續累積。

- 你的休閒或娛樂要夠多元，例如晚上去餐廳用餐、多運動、安排藝文活動等等，另外也要有一些閒暇時間，讓自己躲在家裡放空休息。

- 花時間在自己身上，可以讓你更從容去面對人生挑戰，就不用常常把自己定位為犧牲很大的「受害者」，這對於孩子、你的伴侶和你自己來說，都是一大好事。同時，你的社交關係、工作上的人際往來，品質也因此提升了。找回自己失去的活力，日子勢必會更愉快自在。

23. 你不想像你哥哥（姊姊）一樣嗎？

我們都知道，每個孩子是如此不同、如此獨一無二，那麼哥哥姊姊的表現，為什麼一定要成為家裡的表率？如果家中比較小的孩子有屬於自己的活力、自己的特質，又有什麼好操心呢？

千萬不要比較家裡的孩子，你必須欣賞他們的個性差異、他們的才華、他們各自的長處或甚至短處；也不要刻意侷限孩子的發展領域，無論是體育、課業，或是藝術表現，都不宜為他們設定框架。當你用你的期望去圈住孩子，他為了要配合你強加在他們身上的形象，自我設限，無法盡情成長，這樣你也限制了孩子潛力！

所謂「人比人氣死人」，人與人互相比較，其實無法證明什麼，徒然影響手足之間的情誼與心理平衡。如果**父母太喜歡比較家裡的孩子，造成的傷害將會特別嚴重，而且後患無窮。**

家裡有兄弟姊妹，對有些人來說是美好幸福的禮物，手足之間能互為有力的支持；然而，對有些人來說，卻可能是人生的災難。人與人的過度比較，會挑起嫉妒不滿、令當事人心酸難過，導致自尊低落；而且造成的陰影，往往會持續終生。手足關係的裂痕，傷害之深之遠，常成為許多人在成年後必須尋求心理治療的導火線。

有些看似無害的批評，往往會釀成悲慘的後果。父母要做的是從不同角度鼓勵不同的孩子，讓每個孩子都活出最好的自己，而不是讓弟弟（或妹妹）單單只成為哥哥（或姊姊）的翻版。接納每個孩子的差異，重視他們的特質，手足之間的情感會更緊密，等他們長大成人，會因為家裡支持他們適性發展，更快樂更有自信。

溫馨建議

尊重每個孩子的差異，並教導孩子相互尊重。要是孩子之間起了爭執，你要居間調停，必須先聽取事實，再持平的協助他們找到解決方式。如果孩子突然打架了，你得先把扭打的人分開，當他們冷靜下來，再就事論事解決問題。

關鍵：別成為挑起戰爭的父母

　　父母在孩子之間相互比較，很快就會打擊手足關係，還會挑起孩子的嫉妒不平，這是絕對要避免的大忌。手足親緣破裂的負面影響，絕對超乎你想像，這片烏雲不但會籠罩孩子的童年，更會遠遠波及孩子的成年生活。因此，父母千萬別成為孩子彼此競爭的根源所在。要小心，不管哪一個孩子看起來似乎比較聰明比較厲害，你都不能在他們之間做比較。

手足合作，帶來好感情

　　鼓勵每個孩子盡情發展自己的潛能，平時可以安排一些不那麼具有競爭性、能促使孩子互相合作的小任務，像是到陽台種花、一起烹飪等等，兄弟姊妹之間的情感就會自然增長。同時，請跟哥哥或姊姊說，如果他能幫忙照顧年紀比較小的弟弟妹妹，他會更棒！記住，當孩子彼此合作、相互幫助，你一定要稱讚他們。

小弟，
你好
勇敢啊！

24. 你啊，
你是我們家的運動員！

你啊你，就是當運動員的料；你咧，你比較會動腦筋；而你，你像媽咪一樣；
還有你，老是笨手笨腳……諸如此類的話，相信很多父母都曾對孩子說過。
千萬不要把標籤強加在孩子身上，孩子不一定是你所想像的那樣。

為什麼會這樣？

你把家裡的孩子做分類，本意是想幫他們找出不同路線，讓他們各自展現能力。然而，這樣可能適得其反，變成侷限孩子的框架，阻礙他的潛力發展。

往後，不論孩子失敗或成功，他都會認為結果是「注定的」──我本來就擅長（或不擅長）這個領域，我本來就有（或沒有）這方面的才華。這會導致他畫地自限，阻礙他付出努力、繼續堅持，或是採用其他適合的策略。我們不應該落入「天賦」的迷思，因為優勢不會恆久不變，弱點也未嘗不能克服，每一個人都有獨特的潛力。只要孩子有機會多方探索，了解憑著自律與努力，才能達成目標，他就能在某個領域茁壯成長。

再者，如果父母太常用刻板印象來看待每個孩子，很容易挑起孩子之間的嫉妒，讓兄弟姊妹的情誼分崩離析。那些在童年因為貶低、責難所造成的傷害，會一直持續到長大成人，而且會變成盤據在內心深處的陰影，導致每次遇到家庭危機，當年被貼標籤的痛苦就會悄悄浮現。你如果不想成為這種父母，請先反省、覺察自己的經驗。身上沒有父母強加的標籤、與刻板印象的孩子，將來才能更踏實的做自己。

溫馨建議

讓每個孩子各自發展，不要去「分類」你的孩子，也不該把他們的興趣區分高低等級，例如不要對他說：「雖然你喜歡運動，不過，要是喜歡閱讀就更好了！」孩子自己投注了熱情的嗜好、感興趣的事，你都得一視同仁，給予同樣的關注。讓孩子一起參與他們都喜歡的活動，不僅可培養手足情誼，也讓他們共享溫暖好時光。在日常中，有不少時刻可以讓全家人拉近距離、交流想法，像是用餐、共同完成任務，或者一起外出的時候，這類加強家庭歸屬感的機會，請務必珍惜並多多重視。

25. 還不錯啦，
但你可以做得更好！

要是你稱讚完孩子，馬上話鋒一轉說「但是 ……」，原本的肯定瞬間大打折扣，而且，孩子只會記得自己被否定的部分。

就因為你說了「但」字，原本要激勵孩子的效果瞬間消失了。**要讓孩子對自己和自己的能力都更有信心，必須多用正面的陳述點出孩子的好表現。**如果你硬逼著孩子去做某件事，或許暫時會得到你想要的結果，但缺乏動機的好表現或好成績，成效有限。

除此之外，如果你對孩子的讚美，太過於集中在他的學業成就，可能會引發「考試焦慮」，導致他眼中只剩下成績，無法顧及其他事情，久而久之，他受到的肯定也將日益遞減。所以，我們對孩子的鼓勵不要操之過急，給孩子設定的目標也要適度合理。

如何讓孩子產生動機？

努力與堅持，是形成動機不可或缺的要素。但是如果你幫孩子設定的成功標竿太遙遠，或是期望他短時間內可以一步登天，很快的，他就會因受挫而氣餒。更糟的是，他很可能會反覆質疑自己的能力，認定不管怎麼努力都不會成功、達不到父母的期待——反正爸爸媽媽永遠都不會滿意嘛！

我們要教孩子，雖然他未必永遠是第一名，但是，只要透過練習、紀律和努力，他依然能實現目標，有機會發揮潛能，完成超越他能力範圍的挑戰！

我們必須經常檢討，對於孩子追求成就的期望是否合理？會不會總是表現出大失所望的口氣？這會讓一個孩子懷疑自己「又做錯事了」，他的自尊會受傷，努力的動機也會被磨滅。

我們要尊重孩子本有的樣貌，擁有遠大目標或雄心壯志固然都是好事，但前提是這些必須是務實可行的。對於孩子的每一分努力，以及每一次小小進步，都要給予鼓勵，讓他能堅定的維持步伐，踏實走下去。

千萬不要用斯巴達式的威權教育苛求孩子，尤其是不要比較兄弟姊妹之間的學業成績。這麼做很容易激起孩子的嫉妒和憤恨，嚴重傷害家人關係。

26. 你就是做不好
這件事，對嗎？

整理抽屜裡的毛巾、餵貓等等小事，儘管很簡單，不過，即使是最小的事，也請不要順手就幫孩子做好做滿！盡量讓孩子自己完成他該做的事，不要讓你的幫忙變成習慣，這樣會剝奪他進步的機會，導致他永遠學不會。

有時候，爸爸媽媽會處於尷尬的情況，一方面很氣惱孩子不懂或不願意分擔家事，一方面又自責自己沒有盡到責任、沒有教會他做這些事，於是只好生起悶氣。建議你採用其他方式，可能會有不同的效果。

哎呀……

怎麼做更有效？

要教孩子完成一件工作，必須循序漸進，讓他逐步了解該怎麼做。首先，透過示範，讓孩子知道一開始該怎麼著手；接著，向孩子保證，有必要時你會隨時出手幫忙，但同時要求他開始進行。等到孩子漸漸能靠自己完成工作，你就可以抽身，不必再亦步亦趨的協助他。當然囉，當孩子能夠獨力做完你交代的事，可別忘了給他鼓勵和獎賞！

在這個方法中，父母扮演的是「支援」的角色，對於引導孩子學習各種事物都非常有效。孩子可以得到適時的協助，吸收大人的經驗變成他自己的技巧。在親子的互動之中，他會透過模仿，讓自己有所收穫。孩子漸漸累積能力，愈來愈進步，同時還能學到評估自己執行任務的成果，很快就能獨立自主。

這是一種成本最小的投資，花少許時間就能帶來無窮益處。因為孩子漸漸長大，他就能承擔在他的年紀有能力做到的工作。孩子會因為自己能幫上忙而得到成就感，對自己的能力更有把握，因此變得更獨立。做家事，既能提升孩子的自信，也強化了他對家庭的歸屬感。教出一個有責任感的孩子，日後你就能請他分擔一些簡單的任務，當你的負擔減輕了，在家裡就可以騰出手、擁有更多悠閒時間。

當然，父母教導孩子做事，應該要考慮到他的身心發展程度。如果孩子在三歲到五歲之間，不妨指派他很單純的小工作；如果超過五歲，孩子可以在你的督導之下，協助一些比較複雜的任務。

> **小提醒**
>
> 爸爸媽媽教孩子做事一定要有技巧：當你向孩子示範的時候，必須要一步一步慢慢來。給孩子的指令，要明白易懂。告訴孩子，你會在一旁看著，請他開始做這件事。之後，你得看狀況減少「指導棋」，好讓孩子愈來愈能夠不依賴別人、慢慢學會自行完成。孩子會從一次又一次的經驗中，學到什麼是「工作效率」、以及具體要怎麼掌握工作效率，久而久之，他就會愈來愈純熟。

這些家務技巧，可以讓孩子意識到自己是主動參與，而不是被爸爸媽媽強迫為這個家付出，分攤大人原有的打理工作。提出這些技巧，不僅有助孩子的成長與發展，家裡的一切也將更順心。

活動　## 培養孩子責任感的遊戲

三～五歲的孩子

- 準備一些大籃子，讓孩子在需要的時候（例如上床睡覺之前），用來整理玩具。

- 教導孩子把髒衣服放進洗衣籃裡面。

- 向孩子示範，如何在全家用餐前幫忙布置餐桌（像是教他在餐桌上放餐具）；也可以讓孩子（在你的指導下）學會澆花。

五～八歲的孩子

- 教孩子怎麼餵食寵物。

- 教孩子學習整理他的床鋪。

- 讓孩子參與一些比較簡單、不太需要動用爐火的餐點，可以請他幫忙部分工作。

27. 我像你這麼大的時候，早就會做這件事了耶！

很多父母常有意無意的拿自己與孩子做比較，這彷彿是天經地義的事；不過，每一個人都是獨一無二的個體，你要提醒自己，這種親子之間的比較並不妥當。上述這句話不僅帶有貶義、沒有建設性，還會傷害孩子的自尊。與其當一個在孩子面前無懈可擊的父母，不如教導孩子，不管是誰都有可能遇到困難，我們要越過關卡就得持續學習、努力堅持。請別將自己描述成完美的典範；反之，你要讓孩子知道，無論他表現如何，你始終對他有信心。

要是孩子在學業或人際方面發生問題，或出現無法獨立自主的情況，你首先要做的，是仔細聆聽孩子的心聲，先想辦法了解狀況，但不要有所評論。不要讓孩子以為，一個人會成功，是因為他是天才、他比別人有更多的「才華」；我們要告訴孩子，那些有成就的人，過去都曾拚命努力，他們也會遭遇許多挫折，只是已經學會超越障礙。

學習、努力、堅持，為了跨過難關必須不斷嘗試新方法⋯⋯別讓孩子忽略了這些「基本功」的重要價值，要讓他理解，想獲得成功的果實，除了要知道該如何循序漸進、用對的方法去解決問題，同時更重要的是保持正面心態，要懂得激勵自己，提高挫折容忍度，在任何狀況下都保有動機。

讓孩子累積自信心的小練習

畫出「我很棒」的三件事

如果孩子缺乏自信，不妨誘導他認真想一想，「我一整天有哪些很棒的時刻」。請他回想這一整天，自己成功（或順利）的做到哪三件事情？或是有哪三件事特別令他感到開心？透過這個小練習，可以訓練我們在思考時作出正向反應。接著，進一步讓孩子畫下他剛剛提到最喜歡、最開心，或最有成就感的三個瞬間。可以用畫的，也可以用彩色圓點標籤貼紙，以拼貼的方式貼出一幅畫。這是一種富有創造力的勞作，結合了形狀與字詞概念，讓孩子能透過圖畫表達出他心目中的美好時刻（即使是短暫的瞬間），可以提升孩子的正面思維。

模擬遊戲，讓孩子放鬆學社交

• 如果孩子在人際互動中比較被動，你可以安排一些小小的角色扮演遊戲來幫孩子練習。例如他在學校不敢主動找老師溝通或求助，你就帶著他玩想像遊戲，假設他要請老師幫忙，他會怎麼說，老師又可能會回答什麼。這是一種輕鬆好玩的模擬遊戲，角色扮演後，你再與孩子一起重複剛剛假想的對話內容。這等於幫孩子在心裡打個草稿，等之後碰到實際狀況，他會有心理準備，自然能建立安心感，如此就能促使他跨出第一步，繼而克服原本的心理障礙。

• 靜心傾聽、以善意觀察，你才能察覺孩子在人際關係上所碰到的真正問題，輕鬆的角色扮演遊戲是很好用的小方法。你們可以模擬日常各種狀況，像是如何「向班上同學提出邀約」，或者「在學校怎麼向他人提出要求」，情境的假設無窮無盡。

我的 **3** 項
小小幸福

28. 你不是念書的料！

你本來是想安慰孩子，考砸了、或學業上的挫敗在所難免，但這麼說的同時，其實是將孩子侷限在某個框架裡，阻礙了他的進步。現實是，孩子的成績、學業進度，甚或他本人的學習步調，往往會受到各種主客觀因素的影響，並不是一件單純的事。

當孩子在學業上卡關了，最直接的方法就是找老師聊聊、交換意見，真有需要也可以找專業人士諮商，以了解孩子的問題屬於哪種層面。簡單來說，盡量以建設性的方式，弄清楚孩子的當前處境。孩子有可能因為成績不理想而受到打擊，你的當務之急是**別讓孩子的自信心越發低落**。爸爸媽媽自己也可以學習一點教學技巧，協助孩子複習功課。

孩子面對挫敗的無力感，會因為你斷言他「你不是念書的料」而變得更深，以至於他很有可能就此放棄學業努力，久而久之，他培養不了愈挫愈勇的韌性，也學不會該如何改進讀書技巧、戰勝考驗。簡單來說，當孩子學業成績欠佳，大人們要做的，就是持續給他更多的鼓勵。

學校教育往往會特別側重某些領域，不過，每個孩子都擁有屬於自己的能力，這攸關他的成長，也將會引領他找到自己的出路。我們要幫忙孩子培養多元的興趣，並激發他的學習熱情。孩子會因此產生強而有力的進步動能，甚至還會帶動學業方面的進展。

溫馨建議

有許多複雜的因素，
都會造成孩子在學業上遇到困難。

- 首先必須了解孩子的問題所在，盡力找出解決之道，但不要加以評論。

- 協助孩子保有熱情，並幫助他培育屬於他自己的才華。

- 一定要讓孩子意識到努力的重要，讓他可以展現成果，並鼓勵他不屈不撓。

這樣教，更聰明：掌握氣氛、語言和多樣性

1. 要營造出有利學習的氣氛。為了讓孩子盡量專心，你要確保他做功課的環境裡，沒有任何事物會導致他分心，不要讓他緊張或亢奮。要尊重孩子的學習步調，也肯定他每一個小小的成功，他才會有源源不絕的動力，保持學習動機，不畏難不氣餒。

2. 你用的語言，必須切合孩子的程度。與孩子溝通時，你得用簡單清楚的方式，一次下一則指令；如有需要，可以一項一項的複述指令。每當孩子做功課到一個段落，你就向他提出問題，確認他是否都正確了解所學內容。

3. 試試看視覺或是觸覺方面的輔助工具。善用工具可以幫助孩子更有效率的學習、熟記課業內容，例如運用圖畫、圖表，用相似的事物來舉例，讓孩子聯想，使用物品來說明加法、減法，或透過黏土來學習字母等等。向孩子證明，要獲得好成績，有很多方法可以交替使用，孩子也能動動腦採取一些策略。採用輔助工具時可以善加變化，例如購買一些教材，或藉由唱歌、畫圖等方式來練習。你要教他的時候，永遠記得要以孩子熟悉、能明白的重點來幫他建立概念。

29. 你就只能這樣，不會更優秀了！

孩子在學校的表現已經有所突破，也帶回了出色的分數，不過，不知怎麼搞的，突然間，他看起來好像失去用功的動力！你對此感到失望，心想，小孩子嘛，就是需要口頭教訓一下吧！但當你說出這句批評，即使沒有惡意，仍會對他造成傷害——重點是，這麼說根本沒有用！

怎麼做更有效？

首先，你要關心孩子在學校或家裡是否一切順利——他的人際交往還好嗎？他是否覺得自己受到排擠、成為班上的邊緣人？或是否有人嘲弄他，甚至欺負他？以上這些你要先試著弄清楚。最重要的是，你得站在孩子的角度來分析他的處境。

此外，必須協助孩子說出他的感覺，聊一聊最近有什麼事情比較順利、什麼事則不太順遂。**請與孩子一起嘗試，看看要怎麼幫他**。在學校發生問題，並不單純代表孩子能力的好壞，而且每個孩子的成長軌跡也不是以直線行進。不論他是否會「變成」一個表現平庸的學生，重點在於遇到困難的時候，能否學習去確認自己究竟遇到了什麼狀況。

孩子的分數考壞了，不要開口指責他，你的懲罰只會導致情況惡化，讓孩子產生罪惡感、讓他不願繼續努力，很可能讓他更沉默、更不願跟你交流。況且影響孩子成績的因素，可能有一百種呢！

不要急著批評孩子，要先傾聽他的心聲，並務必和老師聯繫，盡可能多掌握一些狀況。要是你從各方面得到的回應都沒有太大幫助，那麼，就必須考慮找專業心理師諮商。

30. 那其他人呢，他們得幾分？

你這麼問孩子，其實沒有惡意。說這句話的父母，多半只是想藉此刺激孩子奮發向上。我們總是認為「好還要更好」，於是你以為孩子聽到這句話，就會更用功。

然而，要是父母總愛拿孩子和別人比較，他會覺得自己永遠都不能令你滿意，漸漸的，他會喪失鬥志、提不起幹勁，更會感到氣餒，並引發潛在的焦慮，更嚴重的是，這會把他的生活搞得大亂。在孩子的人生軌道上，為他設定他當下無法達到的目標，對孩子根本毫無助益！

要讓孩子產生讀書的動機，情感因素很重要。要能讓孩子先相信自己的能力，他才會保持努力、追求成功；要得到好成績，不需要跟別人比賽，但他得學會改善自己的讀書方式，付出努力和堅持到底。

每個孩子有自己的步調，如果孩子的成績並不差，為什麼還要拿他和別人比較？讓孩子享受學習新知所帶來的樂趣，才是最重要的事。你可以設計一些好玩的活動，刺激孩子的好奇心，或者讓他做一些沒有太多束縛的活動，幫助他培養主要興趣。最後，一定要重視孩子付出的努力。

當爸爸媽媽不會動輒就拿孩子和他人比較，他又能逐漸意識到自己的能力和侷限，他的心理狀況就會更加篤定踏實，有助於他自己摸索出成功之道。孩子有無限可能，他們生機勃勃、不斷成長，毋須擔憂，他們的能力不會一成不變。

> ### 畫重點
>
> 拿孩子和他人比較，對孩子本身的成績不會有任何幫助，請別做這樣的事。你必須看重孩子的努力，同時要鼓勵孩子，讓他找到自己的路！

31. 你會變胖喔，要小心！

你說出這句話，應該只是希望孩子注意健康，而非刻意要嘲弄他，不過，你必須注意，不要將自己對身體的煩惱，投射在孩子身上。

如果大人自己的身體管理不盡理想，寧可拚命節食，也不去改善生活作息、保持均衡飲食和運動習慣，你的行為也會影響孩子對食物的態度，甚至每次他感覺肚子餓，就可能產生罪惡感，還可能會為了「想吃東西」感到羞恥。

怎麼做更有效？

所有否定消極的話，最好都不要說。我們要讓孩子察覺身體發出的信號，包括什麼是飢餓、什麼是飽足。同時，要教孩子學習調節自身欲望。要是你擔心孩子胃口太大，在開始用餐時，請向孩子舉例說明，不管吃什麼食物，都要細嚼慢嚥，要給身體一點時間接收到「吃飽」的訊號。要教孩子學會分辨「想吃」和「肚子餓」，其實有所差異。

活動　不要讓飲食變成你們的焦慮

• 如果擔心孩子長得圓圓胖胖，請不要用強迫的方式讓孩子節食，要建議他多攝取熱量較低的食物。同時，爸爸媽媽必須找一些健康美味的食譜，好讓孩子不偏食、樂意吃下更多蔬菜等營養食物。如果有需要，也可以和家庭醫師討論孩子的身體質量指數（BMI）。

• 不要把你自己對身材的煩惱，加諸在孩子身上，這一點很重要。你會讓孩子覺得緊張，等於強迫他吸收這些壓力，他也會把父母和食物之間的失調關係，看在眼裡記在心裡。倘若你正在節食，這件事只要留給自己就好，不要在孩子面前表現出來，如果他看到你每天站上體重機斤斤計較，他很容易也會用負面眼光去看待自己的身體。

• 評論孩子的身材，只會讓孩子更擔心他的體重，也傷害到他的自尊。你的責任是要引導孩子學習選擇好食物，而不是一味的讓孩子節食忌口；要積極幫他培養好習慣，為他準備健康合宜的食物，並且一定要讓他養成運動習慣。

32. 不准挑，吃就是了！

強迫孩子進食，會搞得全家人吃頓飯也很緊張，更可能讓孩子產生各種心理障礙。請用引導的方式鼓勵孩子品嚐所有食物，當你要求孩子吃某一樣東西的時候，可以這麼說：「我們來看看，你吃了以後會覺得如何。」想讓孩子習慣新的味道，就要讓他學習在大量同類型食物之中，去辨識出各種滋味。同時，大人自己要以身作則，不能挑食，久了，孩子自然會仿效，當他看到你什麼都吃，就會樂意跟著嘗試。

要是你硬逼孩子吃下他討厭得要命的食物，這可能會造成陰影、害他從此拒吃這種東西。別擔心，你家的孩子和其他所有孩子一樣，都有喜歡和不喜歡的食物，例如球芽甘藍或苦瓜。不過，如果一頓飯之中，除了他討厭的東西，還有更多更豐富的食物，他吃飯的時候就不會只聚焦在不愛吃的東西上面，畢竟擺在他面前的食物是如此多元而均衡！當孩子永遠拒吃某類食物（像是蔬菜、肉類等等），爸爸媽媽就要多花點心思，展現自己的烹調創意囉！

怎麼做更有效？

多鼓勵孩子參與下廚，讓他開始學著談論他對食物的想法，並盡量安排容易上手的料理步驟請他幫忙，這有助於讓他用感官去認識食物，例如讓孩子描述食物的顏色、氣味，以及口感，並讓他選擇擺盤方式。感官的甦醒，可以讓孩子對食物更有感，他也能夠更懂得放開心胸去欣賞不同的食物。

活動 讓食物變得五彩繽紛

要勾起孩子對各種食物的興趣，就得花心思讓餐點變得更好玩！例如希望孩子喜歡蔬菜，請運用想像力，發揮趣味十足的擺盤創意，將不同顏色的蔬菜與麵食或米飯混合，如果年紀小一點，就用五顏六色的蔬菜泥來吸引眼球，都更有機會獲得孩子青睞！

33. 不可以摸自己，這樣很髒！

讓孩子對自己的身體擁有健全的概念，是極為重要的事。年紀很小的幼兒（大約三歲起，或甚至更早），儘管不懂何謂性徵，但他們已經會好奇的探索身體，也會對自己的性器官感到好奇。

孩子不會想太多，當他觸摸身體的某些部位，他只會注意到這麼做很有趣，或者是這讓他覺得很舒服，這是人類天生的本能，再自然不過了，大人無需醜化這種行為。這個時候你不能讓孩子以為所有和性器官相連的東西，都是「髒東西」。如果在孩子很小的時候，他的內心就把「性徵」和「罪惡感」連結在一起，將會傷害他身心成長。

別干擾
我的⋯私生活
謝謝！

溫馨建議

如果你覺得和孩子談論這個主題有點難以啟齒，不妨請另一半協助你，或者諮詢專業人士，讓他們幫助你檢視自己這方面的觀念，進而更妥善的引導孩子。

這麼做更有效？

我們要教導孩子懂得「隱私」的觀念。他對自己的身體有所有權，他摸自己並不是骯髒的事。不過，因為這是私生活的領域，要讓他知道身邊沒有其他人和他在一起時，才可以單獨在房間裡做這件私密的事。對於摸自己身體這件事，大人請**不要賦予價值判斷**，要給孩子機會教育，用簡單好懂的說法，讓他明白任何人都不能隨便碰他的身體。

34. 永遠都不要信任別人！

我們固然要教孩子懂得保護自己、對陌生人保持一定的警覺，然而，也不要讓孩子認為每個人都心懷惡意。倘若父母不斷表現出對人的不信任感，孩子日後很容易把每一個不熟的人都看成壞人，導致過度猜疑，這會妨礙他建立健全的人際關係。

其實，學習依據情況判斷是否信任他人，這是所有人的終身課題。重要的是我們不能盲目的全盤信任，也不能一味的用惡意揣度對方，要學會分析情況，多鍛鍊自己的判斷能力。對於何時可以信任別人、該如何信任他人，什麼時候又該對人保持警戒、要怎麼對人有所保留，我們要盡力找到平衡點。多和孩子一起玩「社交情景故事」*，這個遊戲可以讓他學會去注意和旁人對話的時候，上下文的脈絡是什麼，當他身處某些情境時，更懂得去察辨周遭狀況。

 活動　來玩「假設遊戲」

多舉一些例子問小朋友：

- 「如果有陌生人帶著糖果走向你，請你吃糖，你會怎麼做呢？」
- 「要是有陌生人提議要帶你到他車子裡去，你會怎麼做呢？」
- 「你在班上的好朋友如果一直騙你，或者跟你借東西從來都不還，那你會怎麼做呢？」

你可以自己改變問題的內容，讓孩子表達，當他碰到不同情況、不同的對象，他會出現哪些反應。你要漸進式的引導孩子，讓他的判斷力漸漸增長，這對於孩子當前或未來的心理平衡，都是關鍵所在。

---

* 譯註：社交情景故事（scénario social），又稱「社會故事」，是一種心理治療策略，透過說故事的方法，為自閉症患者（或有社交障礙的人）建立人際互動的情境「資料庫」，以期改善社交技巧，幫助他們更能理解、融入社會。

35. 要努力和其他人說話喔！

孩子究竟是內向、害羞，還是有社交恐懼症？釐清這三者之間的差異很重要。但是，孩子的行為，或在社交方面的偏好，都會隨著時間改變，他目前的問題，未必永遠都是問題。

內向並不代表永遠沒有能力投入社交關係。內向的孩子，其實擁有非常豐富的內心世界，他們為了要幫自己「充電」，有時會需要遠離人群。內向的孩子會自己從繪畫、音樂，以及閱讀之類的活動中汲取樂趣，而這些活動也會變成他和別人交流的溝通管道。內向的孩子在走入他人的世界之前，會先佇足分析、事先觀望。因此，強迫內向的孩子融入群體，剝奪他和自己獨處的時間，這不僅是很糟糕的做法，更容易激怒他。這類孩子在和其他人交流之後，往往會需要把一些時間留給自己，如果你想在此時對他說話，多考慮他的感受是很重要的事。

如果孩子只想一個人玩，這是他的選擇，你不需要太過擔心，畢竟這是他的權利。父母只需要注意孩子的生活是否保持均衡，觀察他熱中的活動是否能讓他的生命更充實，這樣就已經足夠。但如果他一直上網、打電動或是看電視，這類活動就不算是有正面意義的獨處，充其量只是孩子逃避現實的方式。

至於害羞的孩子，以及患有社交恐懼症的孩子，又是另一種狀況，他們有時會傾向迴避他人，甚至拒絕與人互動。這樣的孩子害怕與人接觸，恐懼聽到別人的評論。時間一久，孩子這種逃避人群的行為，會讓他們逐漸喪失社交技巧，甚至可能會在心裡轉變為毫無來由的恐慌感。要避免這種情形發生，父母要做的絕對不是用強迫的方式逼孩子與人往來，而是要幫忙孩子，在社交上找到融入群體的方法，並盡可能讓孩子自己體悟。

溫馨建議

學校這個地方，經常採取各種方式將孩子「分門別類」，並就此建立鮮明的刻板印象，讓孩子難以生存，對有社交恐懼症或個性害羞的孩子而言，更是如此。因此，我們要做的是，幫助孩子在學校以外的地方，在比較沒有競爭性的情況下，能放鬆的與他人互動。

怎麼做更有效？

　　首先，讓孩子做些簡單的事，像是去公園走走。公園裡常有許多孩子，大家都不知道如何加入團體，怎麼和其他人一起玩。

　　接下來，與孩子一起練習，漸漸適應與人接觸，學習與人互動的恰當方式。可以挑一些不帶有競爭性質、又能以小團體進行的活動來引導孩子，讓孩子慢慢建立信心，像是演戲、肢體表達，或是繪畫與捏塑活動等都可優先考慮。這時候，重要的是要讓孩子漸漸學會離開自己的保護殼，他也要願意學習走出舒適圈，改善和他人互動的適應能力。

角色扮演：邀請班上的好友

- 如果孩子個性害羞，請溫和的鼓勵他，促使他擴展自己的交友圈。要是他不敢接觸其他孩子，你可以透過角色扮演遊戲，讓孩子具體想像和其他人互動的情境會是什麼模樣。你先示範給他看，該如何向別人提出要求。當孩子有所準備，之後與人接觸時，心裡的焦慮和拘謹多少能夠減輕。你不要心急著想看到成果，而是要重視孩子一點一滴的進步，即使進展微乎其微。

- 離開學校或教室時，大方的帶領孩子，自然而然的和其他家長交流。你可以向對方提出邀約，邀請其他小朋友一起出去玩。讓孩子常看著你怎麼做，漸漸的他也能提升社交技巧，學習對自己更有信心。但如果你做過各種嘗試，孩子的狀況完全無法改善，屆時請找專業人士諮詢，尋求更有效的辦法來幫助孩子。

36. 別哭了啦，手機給你玩！

前所未有的科技產品改變了現代人的生活型態，不管是日常行為、職場模式或人際網絡，都因此天翻地覆。身為成人，我們一面努力抗衡新科技帶來的壓力，一方面卻也難以擺脫成癮的依賴性。我們都很清楚這些科技產品會帶來各種影響，但畢竟我們都成年了，不會有所謂的成長問題，但是孩子不一樣，3C 用品對他們造成的問題可大了！因此兒童發展領域的專家疾聲呼籲：大人必須正視 3C 和新科技產品的使用問題。

在我們之前的世代，面對電視機的出現也曾經覺得「來者不善」。他們憂心忡忡提出各種理由，像是身體缺乏活動、人會變得懶散消極，或者有可能過度依賴電視、以及讓人逃避社交等等，他們認為看電視應該要受到限制。然而，跟智慧型手機、平板這類工具相比，電視機簡直太平實了！

近年來科技革新風起雲湧，推陳出新的速度已經超越我們的適應能力。面對新科技，人們多多少少都得調整自己，才能適應全新的生活節奏。不過，我們不必為此憂慮焦躁，也毋需過度保守。畢竟新科技、新傳播方式，已經是眼前鐵錚錚的事實，既然無法回到過去，我們就該學習恰如其分的運用這些新工具。以父母的角度來說，當然必須去了解如果孩子過度使用 3C，對他的成長發育會造成什麼潛在影響，這才是關鍵。

為什麼這很重要？

孩子還在發育，特別是年紀小的兒童，在體能、感覺、情緒，以及智力等各層面，都必須充分發展。所以一定要讓孩子自己去發掘天地萬物，要讓他可以感覺、觀察、聆聽、觸摸、品嚐、動手操作事物、與他人互動、建立社交關係、玩耍、想像……

溫馨建議

首先，請先戒掉你自己的「手機癮」，要懂得放下手機，多與孩子面對面交流。父母與孩子的互動，對於日後他發展人際關係，或對他的情緒、語言和智力成長，都是很重要的基礎。手機可不是孩子的代理父母，你不能將為人父為人母的責任，轉交給一支手機。再說，如果孩子看到你的雙眼總是盯著手機，它吸走了你全部的注意力，這等於是告訴孩子，手機是生活中無法取代的，全世界大概不會有什麼事跟它一樣重要吧！糟糕的是，孩子會跟著你的腳步，對手上握著的這個工具過度依賴。

只要能確保孩子均衡發展的活動，全部無可替代。

年紀小的孩子看著手機螢幕時，其實是腦袋放空、什麼事都沒有做。在加拿大和美國，有許多專家都建議父母，不要讓兩歲之前的孩子，承受 3C 產品帶來的風險。再大一點，使用手機絕對需要嚴格控管，使用時間也一定要加以限制。與其為了方便，用手機去安撫哭鬧的孩子，不如選擇其他更好的處理方式：首先，必須讓孩子平靜下來（可查閱先前介紹的「確認與管理自身情緒的技巧」，本書第 9、11、12、13、19、29、35 頁），然後讓孩子觀察他身旁的世界，再把他看到、感覺到、觸摸到，

或者是透過其他感官察覺到的一切，盡可能用說的描述出來。換言之，孩子有能力透過五官去感覺天地萬物，你必須幫助他去喚醒這種本能。

37. 真是夠了，你已經上癮了！

倘若孩子迷上 3C 產品，幾乎已經到了濫用的程度，他可不會因為你這句告誡就有所節制。為了讓孩子的生活保持平衡、不至於被 3C 完全入侵，父母應該要設立簡單明確的規則。

這年頭，孩子與新科技產品（包括電腦、平板、智慧型手機等等）共度的時間愈來愈長，也導致為此尋求諮商協助的父母愈來愈多。過度使用 3C 產品，的確會影響腦神經的運作，而讓人體產生類似上癮的後果。因此，**在孩子六歲之前，父母都不應該把平板電腦交到孩子手裡**。平板電腦具有互動功能，不少人相信它有教具的潛力，不過，實際上，平板反而造成使用者更難集中注意力、延緩孩子開始使用語言，長久下來更會危害孩子學習適應社會。

年紀愈小的孩子，愈需要透過自己的身體來探索世界，他得憑著自己的感官去體驗、去發掘，進而發展身體的各種運動機能（包括使用與操作物品，以及肢體的平衡與協調等等）。

首先，你必須針對 3C 的使用訂立「家規」。其次，在孩子還小的時候，就要常常讓他參加有利肢體發展的各種活動，等到將來他開始接觸科技產品，比較不會那麼容易上癮。我們不應該將 3C 產品視為洪水猛獸，然而，限制孩子的使用仍有其必要，父母要做的是多鼓勵孩子把時間均衡投入在運動、遊戲或團體性質的活動，讓他有機會學習操作與建構物品，並練習以文字書寫自己對事物的觀察。

 活動 ## 擺脫 3C，搭配室內與戶外活動

想要激發孩子的創造力、提升肢體動作能力，最方便的方法，就是讓他在家裡玩一些簡單又不花錢的小活動。你會發現，他很快就能學會抓住家裡的東西、操作物品，一邊玩一邊觀察東西的外形與顏色，聆聽聲音的節奏，在空間裡移動，在感官刺激之中，孩子將能探索世界。

然而，只在家裡面活動是不夠的，爸爸媽媽要依照孩子的興趣，讓他有很多機會走出家門，例如去戶外運動或報名坊間的活動。盡量讓孩子有多元化的選擇，室內室外交替進行，豐富的活動內容有益身心健康，可以刺激孩子成長發育的潛能。跟直接塞3C給孩子相比之下，「真實」的活動更具有教育意義，例如：

● 手作活動：用紙盒做東西、玩色紙、素描、用色鉛筆或彩色筆畫畫、捏黏土、自製麵團黏土（用麵粉、水和鹽捏成麵團就好，成本超低），或當園藝或料理小幫手。

● 探索和記憶訓練的活動：用磁鐵字母，練習拼字或發音、以黏土捏出字母（可以讓孩子更快記住字母）、配對遊戲（也就是練習相似的東西歸類在一起）、算術遊戲和記憶遊戲。

● 發展空間能力的活動：例如積木組、拼圖、立方積木和形狀分類積木這類感覺統合玩具、小汽車等等。

● 口語發展活動：把孩子集合起來一起讀書、拿課本教的生字學習字詞運用、以角色扮演遊戲練習口語（例如用玩偶創造他想像出來的天地，像扮家家酒）。

● 解謎活動：拼圖、智力遊戲、桌遊。

● 發展社交互動技巧的活動：桌遊、或大家一起看有教育意義的電視節目。

● 身體律動活動：隨音樂節拍而擺動、舞蹈、肢體協調與平衡遊戲。

使用 3C 的關鍵法則

● 如果孩子超過兩歲，當他看電視的時候（請讓他看具有教育意義的節目），為了讓孩子說出他看到什麼，你必須陪在身邊，透過討論，可以幫助孩子發展語言能力。
● 如果孩子在兩歲到五歲之間，他使用 3C 的時間每天不應超過一小時。
● 用餐期間不准使用 3C 產品（包括成人）。
● 如果可能，在家裡留一個 3C 專用的空間，大家只能在此使用電腦或平板，其他地方包括廚房、客廳、餐廳或臥室，只要是家人交流或休息的地方，都「不應有 3C 產品」。
● 如果大人有電玩遊戲，盡量不要讓孩子玩。如果你同意孩子玩電動，也必須慎選遊戲類別，要挑團體進行、讓孩子有社交互動的遊戲。
● 3C 產品會過度刺激腦部，甚至引發睡眠障礙，睡前至少一小時，要關閉所有 3C 產品。
● 要是孩子未滿九歲，不要讓他獨自上網。如果孩子超過九歲，你要善用家長過濾軟體，才能讓孩子瀏覽網路。
● 孩子年滿十二歲前，都不要讓他自己去逛社群網站。

38. 我們家慘了！

你陷入財務危機了，事情很大條，令你焦慮又恐慌。既然孩子對你的經濟問題完全幫不上忙，作為父母，請不要對孩子說太多你的財務細節，因為對孩子而言，這代表你掌握不了情況，講太多只會讓他跟著緊張害怕。但即使如此，財務狀況對你造成的壓力，可能很快就會感染到孩子，因此，當前最重要的是拿捏適當尺度，你也不應該假裝若無其事、宛如生活中什麼都不曾改變，這樣反而變成一種過度保護。

在向孩子說明之前……

- 避免說出令人焦慮不安的措辭。
- 說明時一定要用積極正面的語氣，千萬別讓孩子為你擔憂，但要讓孩子也知道現況，必須讓他有責任感。
- 平時要減少不假思索就買東西，大人要學習控制自己，避免衝動消費。

- 只要你有創意，你幫孩子規畫的活動，往往不需要特別花錢買工具或玩具。舉例來說，圖書館一定都有適合小讀者的自然探索類書籍，可以多多借閱，帶孩子到戶外觀察大自然，就算在都市裡的公園，也可以做這項不花錢的活動。

你可以這樣說……

- 當你開口的時候，要以清楚平靜的口吻向孩子解釋，由於現況需要，家裡有某些生活習慣要改變，但不必談到太多細節。要用有建設性的方向告訴孩子，雖然家庭支出必須縮減，但大家可以選擇不一樣的生活方式，只是需要做一點調整。

- 此外，也藉此教導孩子，事有輕重緩急，有些事物無可取代、有些事物則可以往後放，例如讓孩子明白「比起購物，與家人共享的時光更可貴」。孩子會理解「與人相處」的重要價值，同時也開始學著取捨「哪一項東西比較重要？」，以及「在購物的快感與生活樂趣二者之間，要怎麼取得平衡」。如此一來，也能訓練孩子權衡輕重，等他長大之後更有機會學會精明理財。

• 多收集資訊，了解你居住的地區有哪些育兒的活動資源（例如市政府或社區單位為孩子安排的閱讀或才藝活動），讓孩子知道，原來還有很多好玩的活動可以參加，他可以透過許多方法去探索這個世界，而且不必仰賴過度消費。

溫馨建議

大人必須積極節制開銷，
不要等事情變糟才來懊惱！

活動 那樣說打叉，這樣說很棒！

打叉的說法	很棒的說法
「等等我們不能上餐廳吃飯。」	「等等我們會在家吃飯，你有想到要準備什麼菜色嗎？」 「我們稍後去野餐吧！要準備什麼東西帶出門呢？」
「不行就是不行！ 我沒辦法買這雙鞋子給你！」	「我們買鞋子的預算有九百元，你可以在這個預算範圍內挑鞋子。」
「啊，這個不行，我付不起！」	「來看看，在有限的預算內，我們可以選什麼呢？」
「不可以，不能買這個黏土，太貴了！」	「可是我曾經教你，我們可以自己做黏土，對吧？」 （＊用一點麵粉、鹽，加上顏料，就可以做出非常便宜的黏土。孩子會玩得很高興，它可以烤，也能拿來畫畫或做勞作，完全不需要花大錢！）

39. 其他男生（女生）都不會這樣耶！

如果你發現孩子的喜好不符合社會期待，千萬別用嚴苛的規定來侷限孩子，也不要禁止他探索自己感興趣的領域。

舉例來說，別阻止小女孩玩小汽車或積木，也不要制止小男孩玩娃娃。積木組可以讓孩子發展空間能力，而用娃娃玩扮家家酒，則可以促進孩子的語言發展。比較好的方式是多向孩子推薦各種類型的玩具。

無論孩子的興趣是否符合傳統觀念，你都要給予肯定。你可以和孩子分享各種活動，而不要畫分界線、硬要區分「適合男孩」／「適合女孩」（或「適合男性」／「適合女性」）。每個人都需要擁有自己的興趣，在生活中總要有讓自己樂意投注熱情的領域，你不應該妨礙孩子自己發掘這些活動！

不要把孩子框住了！

● 別為孩子設定對立的二元觀點。我們的教育方針，要常常考慮世界上許多事物並不是非黑即白，而且「人的天性」和「社會期待」這二者並不是對立的。

● 就算旁人都說你女兒喜愛的運動，都是「男孩玩的運動」，或者是你兒子醉心的活動，被認為是「只有女生才會玩」，你也不能阻止孩子持續發展他的興趣。你要做的不在於「禁止」（舉例來說，強迫推銷小女孩玩扮家家酒，以防堵她繼續玩「很男生」的活動），而是要反過來，藉此拓展孩子發展的契機。

● 孩子常看到什麼就吸收什麼、模仿什麼，父母親別讓孩子加深刻板印象，面對性別問題，必須要公平以待。最好的例子，就是做家事不能全交給女孩，也要讓家裡的男孩一起幫忙才行。

溫馨建議

別在孩子身上套上刻板的性別框架，這會限制孩子發展的可能性。對於孩子的興趣，不要墨守成規、畫地自限，當你規定哪些玩具適合女生、哪些適合男生，其實只是落入商業手法的強迫分類陷阱罷了。

40. 媽咪（爸比）要走了，她（他）不會再愛我了！

向孩子宣布父母即將分居，是很棘手的事，你一定要妥善做好事前準備。你與伴侶再怎麼不和，還是得考慮到孩子的心理平衡，因此，當你安排此事，千萬不要自私的只考慮大人間的問題。

有些父母向孩子宣布兩人即將分居的時候，其實是在宣洩情緒，這樣的宣告對孩子來說，粗暴又生硬。比起這種方式，如果父母雙方都能為孩子的利益努力，並以平和的方式告訴孩子，會讓他好受許多。畢竟孩子毋需為父母的分道揚鑣負責，也不必覺得有罪惡感，更不需要去了解你們之間的裂痕究竟是什麼情況。

為了不讓孩子覺得人生從此很悲慘，你們應該先討論怎麼說會比較好，而且在宣告的兩到三週之前，雙方就要確保有時間好好做準備。對孩子宣布的時候，兩人要同時讓孩子知道「接下來會發生什麼事」，以及「之後的生活會如何重新安排」。告訴孩子，因為爸爸媽媽已經無法相互理解，很快的就不會一起生活了。宣布的時候要考慮孩子目前的成熟度，還有絕對不要傳遞一種「請你選邊站」的訊息，不要讓孩子覺得他應該表態支持父母之中的某一方。

關鍵是冷靜平和

- 別批評你的另一半，也別指責對方不再愛你。
- 當你們一起向孩子宣布爸爸媽媽不可能再一起生活，態度必須平和冷靜。
- 回答孩子的問題時，原則是「只敘述實際上發生的事，而且絲毫不加詮釋」，像是接下來的生活會如何規劃、日後會調整哪些習慣等等。
- 當你們向孩子解釋父母關係破裂的原因，不要帶入太多情感因素，畢竟孩子不需要知道這方面的事。對孩子說這些，可能只會導致他手足無措，或讓他變得脆弱不安。
- 倘若先前家裡就發生很多爭執，孩子肯定已經感受到你們不和。此時以穩重和緩的方式宣布分居，將來會更容易安排不同於現狀的生活環境。

41. 你去跟你爸（媽）說……

你們已經分居了，孩子現在等於有兩個家，平常會輪流看到父母。不過，你和你的前任很可能關係依舊緊繃，你們之間的交流也困難重重。

儘管如此，孩子可不是通訊軟體，也不是你們的調解人。如果你們之間有任何問題或衝突、有什麼重要的事需要告知對方，別把孩子當成幫你傳話的代理人。這麼做，可能會把孩子拉進爭端之中，令他處境尷尬，要知道你們之間的敵對狀態，責任可不在孩子身上！

用這麼間接的方式（還是讓孩子當傳聲筒），去和關係不佳的前任談重要問題，等於把重擔強加在孩子身上。孩子內心有屬於自己的真摯情感，對父母雙方也依然有愛，把他當夾心餅乾會讓他痛苦心碎，這容易導致他日後產生心理陰影，有罪惡感。

> ### 大人的事，大人解決
>
> 孩子不是調解人，也不是誰的「心腹」，別讓孩子變成一種被利用的工具。父母應該要保護孩子、思考怎麼做對他最有利，好讓他不會置身於風暴圈。因此，成人的衝突，成人自己解決。

要孩子幫忙傳話，不僅傷害他與你的關係，也傷害他與爸爸（或媽媽）的關係。他在情感上會失去平衡，他的人生定位很可能會因此歪斜。所以當你有要事必須對以前的另一半說，不應該利用親子關係，請讓孩子對父母雙方，繼續保持真誠。

無論父母離婚或者分居，對孩子來說，沒有任何事比讓他選邊站更痛苦了，他會左右為難，承擔不應該由他承擔的責任。這可能會毀了他的生活，甚至日後造成長期折磨。為了緩和彼此的關係、盡量保護大家的利益，有需要時請找家事調解的專業人士幫忙吧。

幫助孩子適應生活轉變的方法

約定好一些基本原則	打勾
不管是住在哪一個家，必須保證孩子至少要保有一些固定的生活用品或他需要的東西。這可以避免日後有一方疏忽，減少互相指責的機會。	☐
試著讓孩子在兩個地方的生活步調盡量一致。	☐
建立穩定的生活常規，是讓孩子安心、健康與快樂的基礎（像是上床睡覺的時間、衛生習慣、使用 3C 的時間等等）。要盡力讓孩子不管住哪裡都可以維持固定的例行作息。 如果有需要，製作幾份例行公事清單，張貼在孩子的每個家裡。	☐
務必要遵守接送孩子的時間。要是你有急事必須拜託前任幫忙，對方的反應有可能會不太好，不要透過孩子傳話，免得讓他去承受爸爸或媽媽的情緒。遇到需要幫忙的情況，你一定要自己跟對方溝通。	☐
去你的前任家中找孩子，或接他回家的時候，請保持禮貌。	☐
「調解雙方分歧」這種事，一定要成人自己解決，不要牽連孩子。如果你真的無法直接和前任說話，你要自己找其他替代方式來傳遞訊息，例如寫信、傳訊息溝通等，絕對不要透過孩子傳話。	☐
孩子在場時，不要批評他的爸爸（或媽媽），才能讓關係隨著時間緩和，而不會讓孩子一直很痛苦。	☐
要是你不在場，孩子的爸爸（或媽媽）已經幫孩子做了某項決定，你不要刻意反對（例如讓孩子去朋友家）。如果你有意見，請大人自己私下溝通，然後你們得商定規則，討論之後哪些事要詢問過另一位家長再一起決議。	☐
如果大人之間始終無法取得雙方都同意的協議，除了尋求專業諮商，你要思考的是對方是否與你一樣，至少都要優先為孩子的利益著想，再設法尋找可行的方案。	☐

42. 爸比（媽咪）需要你

父母親必須要負責孩子的情緒和幸福，而不是反過來要求孩子，要他負責雙親的情緒和幸福，這是完全超過孩子能力範圍的角色，他做不到。況且要孩子承受成人的心理負擔，簡直是不可能的事！

如果你的生活發生了重大變故（像是病痛、死亡、離婚），正經歷人生的一大難題，你要做的不是依賴孩子，而是尋求其他有力支持，請轉過身，讓自己面向其他能幫助你的成人或專業人士。

孩子永遠無法代替你的另一半，你得向孩子說清楚最近面臨什麼困境，但仍然要讓孩子保有屬於他的童年生活。孩子應該扮演的唯一角色，就是孩子。你必須尊重他做為一個孩子的身分，第一優先仍是讓他過得無憂無慮、該玩就玩，這是成長的需要，不要改變大人和孩子各自在生活中的角色。

> **溫馨建議**
>
> 如果你發現孩子的內心因痛苦而掙扎，卻不肯說出口，不妨仰賴外界協助。及早照料孩子的需要，避免讓孩子陷入不良互動關係的惡性循環。

當你發現親子關係失衡，你必須用適合孩子成熟度、用他聽得懂的話語向他解釋，讓他知道爸爸（或媽媽）出了什麼事。不過，別依賴孩子，你不能將「讓自己狀況好轉」的沉重責任，轉嫁在孩子身上。

接下來，**我們要幫孩子更清楚的理解眼前情況，讓他透過言語說出自己的想法。**當生活出現嚴重問題，父母身上的痛苦往往會影響到孩子，而孩子也會想壓抑自己來「保護」爸爸媽媽——即使你沒有要求他這麼做。在這種情況下，當孩子面對立場中立的第三者，會更容易好好表達自己真正的想法。

43. 你真的很像 你爸爸（媽媽）！

如果你的出發點是恭維，這麼說就無妨；不過，一般狀況下，這句話其實常是一種很「酸」的暗諷或批評 —— 表面上是在否定孩子的行為，同時也隱含對另一位家長的評論和反對。

換言之，你不僅打擊到孩子個人，也連帶抨擊孩子與爸爸（或媽媽）的連結、甚至嘲諷了孩子對他的愛，所以這句話對孩子是種加倍傷害！此外，當你在孩子面前中傷另一位家長，會造成深遠的傷害，引起一種反作用力，迫使孩子與對方連結更深，而孩子深愛父母雙方，心裡於是產生衝突、往後也很難擺脫在情感上的拉扯對立。

說出這句話，就是你用暗示的方式強迫孩子表明立場、選一邊站，並等於逼孩子為了他與你的前任是否「相像」負起責任。你這麼做，會導致孩子心理變得脆弱，長久來說會傷害他的自尊、自我認同，或影響他在人際關係方面的自信。

怎麼更有效？

能和你一起解決問題的人，是你的另一半，而非你的孩子！所以，請表現出大人該有的樣子，為自己的問題負責，成熟一點！你得克制自己，不要隨便批評，避免說出任何不恰當的話，讓孩子不斷回想他和爸爸（或媽媽）的相似之處。無論你的婚姻遇到什麼難題，也不管你是分居或者離婚，詆毀孩子的另一位家長，非但無法解決你們之間的爭端，還會對孩子造成悲慘的後果。當你貶低孩子的父親或母親，等於把孩子推入風暴之中。

溫馨建議

如果你實在吞不下這口氣、無法紓解怨恨，難以用理性客觀的立場來面對問題，那麼最好尋求專業幫助。專業的諮商師會協助你越過人生難關，同時，也是保護了孩子。

44. 現在，你得照顧媽咪（爸比）囉！

別以孩子不可能做到的任務來困住他。儘管你的人生有時的確需要有人助你一臂之力，但你需要的協助，肯定不會來自你的孩子！請別混淆你自己與孩子兩人的角色！

理應由父母擔負的職責，不該「轉移到」孩子身上。如果一個孩子必須代替父母之一，投入原本應該由父母承擔的責任，不僅會造成孩子的罪惡感，過於龐大的責任也會導致他習慣性的貶低自己、以致自尊低落。這也可能會妨礙孩子學習獨立自主，導致心理失衡，他會陷入不健全的情感依賴關係。

但另一方面，如果你只是單純的需要孩子幫忙做家事，在具體的生活層面上當你的小幫手，可以由你先示範，教孩子該怎麼做；接下來，讓他在你的協助下開始著手。慢慢的，你可以用鼓勵的方式，在孩子幫忙時給予一點獎勵，讓孩子一步一步學習獨立作業。

扮演支援的角色，幫孩子獨立

上述這項技巧稱為「支援」，對於引導孩子學習各種事物都非常有效。

讓有經驗的成人從旁支援、引導孩子完成任務，可使孩子從中獲益，他與成人互動時，會透過模仿去學習更多的觀念或技巧。如此一來，孩子的能力會慢慢累積，同時也開始學會審視自己的表現，很快的就能獨立自主。

溫馨建議

你只需要投資最少的時間，隨著孩子一天天成長，他會逐漸承擔他有能力的職責，長久來看獲益無窮；而孩子與你在互動中建立的關係，也更豐富、更有滋有味。

別對孩子說的 44 句話：

檢視父母最常見的地雷語，幫助 2 ～ 8 歲孩子管理情緒、建立自尊與安全感
Ces phrases à ne jamais dire à son enfant!

作　　者	娜塔莎・笛里（Natacha Deery）
譯　　者	陳文怡
封面設計	呂德芬
編輯協力	莊勳瑜
內頁構成	高巧怡
行銷企畫	林芳如
企畫統籌	駱漢琦
業務發行	邱紹溢
業務統籌	郭其彬
責任編輯	張貝雯
副總編輯	何維民
總　編　輯	李亞南

國家圖書館出版品預行編目資料

別對孩子說的 44 句話：檢視父母最常見的地雷語，幫助 2 ～ 8 歲孩子管理情緒、建立自尊與安全感／娜塔莎・笛里（Natacha Deery）著；陳文怡譯 . —- 初版 . — 台北市：地平線文化出版／漫遊者文化出版：大雁文化發行 , 2020.1
80 面 ； 17×23 公分
譯自 Ces phrases à ne jamais dire à son enfant!
ISBN 978-986-98393-2-7（平裝）
1. 親職教育 2. 親子溝通 3. 情緒教育
528.2　　　　　　　　　　　　108021984

發 行 人	蘇拾平
出　　版	地平線文化／漫遊者文化事業股份有限公司
地　　址	台北市松山區復興北路三三一號四樓
電　　話	（02）27152022
傳　　真	（02）27152021
讀者服務信箱	service@azothbooks.com
漫遊者臉書	www.facebook.com/azothbooks.read
劃撥帳號	50022001
戶　　名	漫遊者文化事業股份有限公司
發　　行	大雁文化事業股份有限公司
地　　址	台北市松山區復興北路三三三號十一樓之四

初版一刷　2020 年 1 月
定　　價　台幣 230 元
I S B N　978-986-98393-2-7
版權所有・翻印必究（Printed in Taiwan）